元銀行支店長弁護士が教える

融資業務の法律知識

池田 聡

日本実業出版社

はしがき

　本書のメインターゲットは、銀行の融資担当者ですが、セカンドターゲットとしては、経営者など銀行との融資相談でお困りの方、さらには税理士、中小企業診断士など、クライアントから融資の相談を受ける機会が多い士業の先生方を考えております。

　銀行の融資担当者に必要な知識は、財務分析力と法律知識ですが、筆者が銀行員であった時、財務分析の教育・研修は充実している一方、融資に関する法律知識の研修はほとんどありませんでした。

　融資担当者に銀行が求めていることは、貸出を伸ばすことです。営業店で一番求められているスキルは、取引先の資金ニーズを掴むスキルだと思います。銀行が営利企業である以上、当然のことです。

　しかし、借りてくださいとただお願いをしても、借りてくれるものでありません。資金需要が取引先にあっても、取引先には融資を受ける銀行を選ぶ自由があります。したがって、融資担当者としては"選ばれる担当者"となることが求められます。

　そこで、顧客の立場になって考えてみましょう。顧客からみれば、銀行融資はわからないことだらけです。お金を借りたいと思っている人は、実は銀行員に聞きたいことは山ほどあるのです。

　したがって、顧客からみれば、聞きたいことをわかりやすく説明してくれる担当者が"信頼できる担当者"です。つまり、営業（融資）実績を伸ばすためには、顧客が聞きたいことをわかりやすく説明することも重要な武器の１つです。

　本書の企画は、若手融資担当者が、顧客から聞かれてわからなかった場合に読む参考書的な位置づけでスタートしました。もちろんそのような使い方もありますが、筆者としては是非、融資担当者に最初から最後まで読み通していただき、本書で得た知識を顧客との会話に積極的に活かすことにより、顧客からの信頼を高め、ひいては営業（融資）実績を伸ばすことに役立てていただければ幸甚です。

冒頭に書きましたとおり、本書は、セカンドターゲットとして、経営者など銀行との融資相談でお困りの方や税理士、中小企業診断士など、クライアントから融資の相談を受ける機会が多い士業の先生方を考えております。

　経営者など融資相談でお困りの方は、融資に疑問があっても銀行員に質問すると内情が銀行にわかってしまい、不利に取り扱われるのではないかとの懸念をお持ちかと思います。そのような懸念をお持ちになることはもっともなので、本書を活用し、疑問を解消いただければと存じます。

　さらに士業の先生方におかれましては、企業の顧問として、"融資に詳しい"ことが、アドバンテージとなることは多くの方が感じられているかと思います。

　例えば、税理士の先生は会計のプロですから、財務諸表を銀行員がどうみるかをクライアントに説明することはお手の物だと思います。しかし、クライアントは会計の問題か法律の問題か区別を付けず（付けられず）、何でも税理士の先生に質問されることも多いかと思います。そんな時、本書を手に取っていただき、本書で得た知識を活用して、クライアントからの信用を高めていただければと存じます。

　筆者は、約24年間銀行員として勤めた後、弁護士に転じました。そこで感じたのは、銀行員が如何に法律を意識していないか（という筆者も銀行員時代、金融商品取引法と個人情報保護法以外、業務で法律を意識することはほとんどありませんでした）、逆に多くの弁護士が如何に銀行実務を知らないか（銀行の内情は外部からはわかりませんから当然です）、ということです。

　筆者としては、本書がこのようなギャップを解消する一助となれば光栄です。

2022年2月

池田　聡

法令の略語

●個人情報保護法…個人情報の保護に関する法律
●宅建法…宅地建物取引業法
●独占禁止法…私的独占の禁止及び公正取引の確保に関する法律
●動産・債権譲渡特例法…動産及び債権の譲渡の対抗要件に関する民法の特例等に関する法律
●特定商取引法…特定商取引に関する法律
●犯罪収益移転防止法…犯罪による収益の移転防止に関する法律
●金融円滑化法…中小企業者等に対する金融の円滑化を図るための臨時措置に関する法律
●大判…大審院判決
●最判…最高裁判所の判決
●地判…地方裁判所の判決

第4章　契約

顧客からの信用を失わないために
必要な法律知識

カバーデザイン／山之口正和（OKIKATA）
本文ＤＴＰ／一企画

第1章

融資相談

顧客との信頼関係を築くために必要な法律知識

手形貸付は証書貸付と
何が違うのですか？

銀行融資の４つの形態と手形貸付の概要

> **Answer**
>
> 手形貸付とは、銀行が取引先に金銭の貸付を行う際に、借用証書の代わりに約束手形の差入れを受けて行う貸出をいいます。

・・・・・・・・・・・・・・ **経営者との対話** ・・・・・・・・・・・・・・

 大きな注文がとれそうなので、運転資金として期間３ヶ月で700万円を貸してください。

 わかりました。手形貸付で対応するよう、行内で決裁をとります。

 手形貸付って何ですか？

 借用証書の代わりに約束手形を差し入れていただく融資の形態です。短期貸付の一般的な形態です。

☑ 手形貸付の概要

1　貸付と証書

　銀行の融資には、その形式により、①**手形割引**、②**手形貸付**、③**当座貸越**、④**証書貸付**があります。短期の貸付は、伝統的に手形貸付が主流であり、長期の貸付は証書貸付が主流です。

2　手形貸付とは

　手形貸付とは、銀行が取引先に金銭の貸付を行う際に、借用証書の代わりに約束手形（取引先が振出人、銀行が受取人）の差入れを受けて行う貸出をいい、伝

約束手形

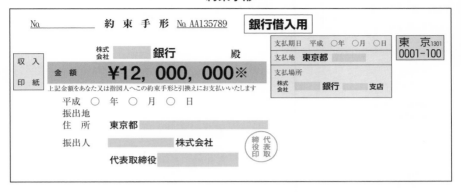

統的に短期貸付の一般的な形態です。

　手形貸付の場合、銀行は、金銭消費貸借契約上の債権（民法587条以下）と手形債権を併せ持つことになり、債権保全上は有利な面があります。手形債権は、手形訴訟（民事訴訟法350条以下）という簡単な訴訟により請求が可能なので、債権の早期回収を図ることができます。

　一方、借入をする側は、手形に印紙を貼付しなければなりません（印紙税法別表第1・3号）。

3　借入の利率や分割返済条件

　約束手形に、借入の利率や分割返済条件を記すことはありません。手形貸付の場合、証書貸付と異なり、原則、借入利率や分割返済条件の合意は口頭の合意となります。

　しかし、それではトラブルの元になりかねないので、利率や返済条件を記載した**借入申込書**を借入人に差し入れてもらうことも多いです。

4　銀行取引約定書

　手形貸付は、金銭消費貸借ですが、約束手形を銀行が受取ることによって銀行は手形上の債権も併せ持つこととなります。

　銀行が、金銭消費貸借契約に基づく債権と手形債権のどちらを先に行使するかは、銀行の自由判断に委ねられるように、**銀行取引約定書**で手当てされています。

関連する法律：民法（消費貸借）587条以下、手形法、民事訴訟法350条以下、印紙税法

手形貸付を当座貸越に切り替えてもいいですか？

手形貸付と当座貸越の違い

Answer

手形貸付と比べて当座貸越は印紙負担が小さいというメリットが借入人にありますが、銀行の与信管理上は手形貸付のほうが好ましいです。ただし、他行との競争上、当座貸越で対応したいと考えた場合は、与信上問題が生じない取引先であれば、当座貸越で対応します。

・・・・・・・・・・・・・・・・・・・ 経営者との対話 ・・・・・・・・・・・・・・・・・・・

　御行から手形貸付で借りているけど、他行から「短期貸付は当座貸越のほうが、経費が節約できます。当行なら当座貸越で対応しますので、是非、当行をご利用ください」とセールスされました。御行では手形貸付でないとダメなの？

　当座貸越には当座預金口座の開設が必要なタイプと、不要なタイプがあります。当行では後者のタイプの当座貸越を特別当座貸越と呼んでおります。御社について、次回からは特別当座貸越で対応できるよう、稟議を上げてみます。

・・・

☑ 手形貸付と当座貸越

1　手形貸付と印紙税

　短期貸付の形態としては、伝統的に**手形貸付**が主流ですが、借入をする側は、手形に**印紙**を貼付しなければなりません（印紙税法別表第1・3号）。その額は、例えば借入300万円なら印紙600円、借入1,000万円なら印紙2,000円です（→111頁）。ちなみに、証書貸付の場合、証書に貼らなければならない印紙の金額は、例えば借入300万円なら印紙2,000円、借入1000万円なら印紙1万円です。

2　当座貸越とは

（1）一般の当座貸越

　当座貸越とは、当座勘定取引を前提として、銀行の取引先が振り出した手形・小切手あるいは引受けた為替手形が支払呈示された場合に、預金残高が不足していても貸越極度額まで銀行が資金を貸付け、手形・小切手の支払いを行う制度のことをいいます。企業にとっては、貸越極度額まで、いつでも自由に借入ができ便利ですが、銀行にとっては貸出の金額、時期などの事前把握は難しいうえ、資金使途の管理もしづらく、資金準備、与信管理の両面から好ましくありません。

（2）特別当座貸越（特殊当座貸越）

　一般の当座貸越のデメリットを解消するために登場したのが、**特別当座貸越**（銀行によっては特殊当座貸越といいます）です。

　特別当座貸越とは、当座預金口座は開設しないで、銀行と借入人との約定によって予め定めた貸越極度額まで反復して資金を貸し出す制度です。借入をする際、借入人は予め銀行に通知し、銀行の承認を受けなければなりません。そこで、銀行としては、事前の承認をすることで、資金準備、与信管理が行えます。

　借入の際は、借入人は銀行所定の払戻請求書（特別当座貸越払戻請求書）と借入申込書（省略する場合もある）を銀行に提出します。

　特別当座貸越を利用する場合、特別当座貸越に関する契約書を交わしますが、その印紙は「記載金額のない消費貸借契約」の200円のみです。このように、借入人にとっては、手形や証書の印紙負担を軽減できるメリットがあります。

一般当座貸越と特別当座貸越の違い

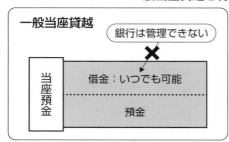

（3）カードローン

　カードローンも当座貸越の1つです。カードローンには消費性のローンと事業性のローンがあります。いずれも専用の当座預金を開設します。事業性のカードローンには、信用保証協会の根保証が付いたものもあります。

3　与信管理

　手形貸付は実行ごとに銀行内部の稟議決裁が必要です。一方、一般当座貸越は、極度額を設定するにあたっては銀行内部の稟議決裁が必要ですが、一旦極度額を設定してしまうと、その有効期間内であれば、取引先は銀行の判断を得ることなく、自由に借入ができます。それに対して、特別当座貸越は、貸出の際に基本的には稟議決裁は行いませんが、貸出の際に借入人からの事前通知及び銀行からの承諾を必要とするので、銀行としては一応貸出可否のチェックをすることができます。

　すなわち、銀行の与信管理という点からすれば、手形貸付＞特別当座貸越＞一般当座貸越の順に優れており、一方で、借入人の利便性という点では、その逆の順で優れています。

4　結論

　銀行としては、取引先から短期借入の要請があった場合、**手形貸付**で対応することが望ましいです。しかし、借入人からみれば、手形貸付には印紙負担という難点があります。

　銀行は、他行との競争上、特別当座貸越で対応しないと取引先を他行に奪われる可能性があり、かつ与信上問題が生じない取引先であれば、特別当座貸越で対応します。

　一般の当座貸越は、極度額の範囲内で自由に借入ができてしまい、与信管理上のリスクが高いので、優良な取引先に限定して対応します。

☑ 当座貸越の種類と商品性

1　一般の当座貸越

　当座貸越債権は、一定の事由（取引期限の満了、解約、中止など）が発生するまでは、銀行から弁済請求ができないと解されています。そこで、当座勘定貸越約定書には、銀行の強制解約権、貸越の一時中止権、極度額の強制減額権が規定されていることが一般です。

　もっとも、銀行が恣意的にこの減額権や解約権を行使することは許されず、借入先の信用不安や担保物件の価値下落、急激な金融情勢の変化など、ある程度客観的・合理的な事由の存在を要するものと解されています。

2　特別当座貸越

　特別当座貸越は、一般当座貸越と異なり、当座勘定取引を前提としないので、当座勘定貸越約定書は交わしません。その代わり、特別当座貸越約定書を交わします。特別当座貸越約定書に「借主がこの約定に基づく当座貸越を使用するときは予め銀行に通知し、銀行の承諾を得るものとします。」等の定めがあります。

　また、一般当座貸越と異なり銀行所定の払戻請求書や借入申込書で返済期日を指定するので、その日が到来すれば銀行から弁済請求できます。一般に分割弁済の指定も可能です。

3　カードローン

　カードローンは、一度契約すれば極度額の範囲で期限まで自由に借入が可能であるという点では一般当座貸越に近いですが、手形・小切手が不要であるという大きな違いがあります。

一般当座貸越・特別当座貸越・カードローンの比較

	一般当座貸越	特別当座貸越	カードローン
当座預金	必要	不要	必要
借入時に必要なもの	小切手	小切手／借入申込書／払戻請求書	カード
借入時の銀行の承認	不要	必要	不要

関連する法律：民法、手形法、小切手法、印紙税法

信用保証協会の保証なしで融資をすることはできませんか？

信用保証協会付融資とプロパー融資の違い

Answer

信用保証協会付融資は、銀行としてリスクが小さいので、信用力が低い企業にも融資しやすいですが、債務者は保証料の支払いが必要なこと、債務者が長期間延滞すると代位弁済がなされ、債権者が銀行ではなく信用保証協会となることに注意が必要です。

・・・・・・・・・・・・・・ 経営者との対話 ・・・・・・・・・・・・・・

　前回の借入は信用保証協会の保証付だったけど、保証料が結構高いよね。今回の借入は信用保証協会の保証なしでお願いできませんか。

　前回は、担保もないということだったので、審査部と協議をした結果、信用保証協会の保証付で対応させていただきました。信用保証協会の保証なしのご融資ということであれば、不動産など、十分な担保価値があるものを担保に入れていただけないでしょうか。

・・

☑ 信用保証協会とは

　信用保証協会は、信用保証協会法に基づき、中小企業の円滑な資金調達を支援することを目的に設立された公的機関です。

　中小企業などが銀行に借入申込みをする際、大企業と比較して経営リスクが大きいため、返済可能性をはじめ信用面でのハードルが高く、事業者が考えているような資金調達が難しい場合が少なくありません。そこで、公的機関である信用保証協会が債務保証をすることで、中小企業が銀行からの融資を受けやすくしています。

　具体的には、信用保証協会の債務保証があると、銀行の融資先企業の倒産などにより借入金返済が困難になった場合でも、信用保証協会が銀行に残債（借入金の残額）を代位弁済（肩代わりして返済）するので、銀行は貸出に応じやすくなります。この制度を利用する場合、事前に信用保証協会の審査が必要であり、また、借入人は信用保証協会に保証料を支払う必要があります。

　一方、信用保証協会の保証なしの融資を、俗に**プロパー融資**と呼びます。

☑ 信用保証協会の保証対象

　信用保証協会の保証対象は、中小企業信用保険法に定める中小企業者です。以下の業種別の資本金、従業員のいずれか一方が該当する企業が対象となります。

信用保証協会の保証対象

業種		資本金	従業員数
製造業、運送業、不動産業など		3億円以下	300人以下
	ゴム製品製造業（注）	3億円以下	900人以下
卸売業		1億円以下	100人以下
小売業、飲食業		5千万円以下	50人以下
サービス業		5千万円以下	100人以下
	ソフトウエア業 情報処理サービス業	3億円以下	300人以下
	旅館業	5千万円以下	200人以下
医療法人等		―	300人以下

（注）自動車又は航空機用タイヤ及びチューブ製造業並びに工業用ベルト製造業を除く

　なお、農林業の一部、漁業、金融・保険業（保険媒介代理業及び保険サービス業を除く）は、対象外です。

☑ 信用保証協会の保証の性質

　信用保証協会の保証は、法的には民法上の保証であり（東京高判昭和35.10.26ほか）、信用保証委託約定書や保証契約約定書等の書面に特約がない限り、民法の保証に関する規定が適用されます。

関連する法律：信用保証協会法、中小企業信用保険法、民法（保証債務）446条以下

私募債は、融資とどう違うのですか？

融資と公募債・私募債の違い

> **Answer**
>
> 私募債は社債の一形態です。社債は有価証券であり、融資による資金調達（間接金融）とは異なり、一般的には資本市場からの直接的な資金調達（直接金融）の一形態と位置づけられていますが、銀行保証付私募債は一般に銀行が社債権者となります。法的には、私募債（社債）は会社法で規定されており、融資（消費貸借）は民法で規定されています。

・・・・・・・・・・・・・・・・・**経営者との対話**・・・・・・・・・・・・・・・・・

 今度、工場を建てるので返済期間7年の長期間で貸してもらえませんか。

 長期のご返済をご希望であれば融資ではなく、私募債でいかがでしょうか。私募債は社債の一形態ですが、当行の保証付私募債は当行のみが社債権者となるので、資金の出し手が当行のみであるという点では融資と同じです。

・・

☑ 私募債とは

　社債は大きく分けて「**公募債**」と「**私募債**」に分類されます。

　公募債は、証券会社を通じて不特定多数の投資家に対し募集を行う社債です。大規模な資金調達が可能ですが、有価証券届出書の提出などの複雑な手続きが必要です。

　公募債に対して、少数かつ特定の投資家に引き受けてもらう社債を**私募債**といいます。限られた投資家を対象にするため、公募債と比べ調達できる金額は少額になります。しかし、公募債に比べて手続きが簡単なので、小規模な会社でも利用しやすい方法です。

　私募債は「銀行保証付私募債」と「少人数私募債」が代表的です。少人数私募債は、役員の身内や友人、知人、取引先など49名以下の方に引き受けてもらい発行します。それに対し、引き受けと保証を銀行が行うものを、銀行保証付私募債といいます。発行企業の取引銀行が、信用保証、事務委託取扱い、社債引き受けを一括で行うサービスです。銀行は保証料、事務委託手数料、利息等を受け取ります。

銀行保証付私募債

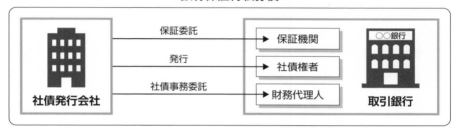

　銀行保証付私募債は期間の長い資金調達に向いていますが、財務代理手数料、引受手数料、保証料などが必要で、一般に費用は融資よりも高額になります。

　また、銀行と信用保証協会の共同の保証が付いた私募債もあります。これを、信用保証協会保証付私募債といいます。発行企業は銀行と信用保証協会の双方に保証料を支払うため、銀行保証付私募債以上にコストが高くなります。

⚖ 知っておくと役立つ法律知識

　社債は会社法の676条以下で規定されています。その発行には取締役会設置会社であれば取締役会の決議が、非取締役会設置会社では、過半数の取締役による決定が必要です。

　社債は原則社債管理者が必要ですが、①各社債の金額が1億円以上である場合、又は、②社債の総額を各社債の金額の最低額で除して得た数が50を下回る場合は、社債管理者は不要です。したがって、銀行保証付私募債は、社債管理者は不要です。その代わり社債に関する事務を委託する財務代理人を置くのが通例です。なお、会社法では社債券は不発行が原則です。

関連する法律：会社法（社債）676条以下、民法（消費貸借）587条以下

親の土地にアパートを建てる資金として 融資することはできますか？

賃貸契約書、抵当権、保証人の必要性

Answer

親と土地賃貸借契約を締結すること、及び親の土地（建設するアパートの敷地）に抵当権を設定できれば、親の土地に子がアパートを建てるための資金を融資して問題はありません。

- - - - - - - - - - - - - - - - **経営者との対話** - - - - - - - - - - - - - - - -

 親が古いアパートを持っていて、建替えの話が出ています。親は、「自分は高齢だし、相続のことを考えると、今度はお前の名義でお金を借りて、アパートの建替えをしてくれ」と言っていますが、建替えの資金を私が借りることは可能でしょうか。

 親と土地の賃貸借契約書を交わし、かつ親の土地（建設するアパートの敷地）に抵当権を設定できれば、親の土地にアパートを建てるための資金を融資することに問題はありません。

- -

☑ 与信管理上の考慮点

子が融資を受けて、親の土地にアパートを建てる場合、銀行としては、①返済が滞った場合の回収に問題はないか？　②相続が発生した場合に問題はないか？という点から検討が必要です。

なお、アパート建築資金の融資を子が受けるのであれば、アパート（建物）は子を建築主として建て、子を所有者として登記をします。

☑ 融資先に求める対応

1　土地の賃貸借契約を締結しておくこと

　建物保有目的で土地の賃貸借契約を締結すると、土地の賃借権を有する借地人（設例で言えば子）は、借地借家法により強く保護されます。一方、親子だからといって何も契約をせず、地代も払わず、親の土地の上に子が建物を建てると、**使用貸借契約**となります。使用貸借の期間並びに使用及び収益の目的を定めなかったときは、貸主は、いつでも契約の解除をすることができてしまいます（民法598条2項）。これを避けるためには親子間であっても、きっちり**賃貸借契約書**を交わし、実際に地代を支払うことが必要です。

　親子間では争いがないとしても、相続が発生した場合、使用貸借では立退きを求められるリスクがあります。

2　土地にも抵当権を設定すること

　子が返済を滞らせた場合、銀行としては抵当権を実行して融資金を回収する必要があります。その場合、競売か任意売却（→246頁）になりますが、いずれにしても、土地と建物を一括して売却しなければ、十分な価格で売却できません。そこで、銀行は、土地と建物を一括して売却できるように、親名義の土地にも、子に融資をするアパート建築資金を被担保債権として**抵当権**を設定しておきます。

　また、これにより相続が発生した際、アパートの敷地をアパートの名義人以外の子が相続をすることとなっても、抵当権によりその土地を相続した人に対抗できるので、銀行としては債権保全上問題がありません。

　なお、親が認知症で有効に意思表示をする能力に問題があると、抵当権設定契約の有効性が問題になってしまうので注意が必要です。

3　親を保証人にするか

　できれば、親を保証人にすることが銀行からみれば望ましいです。土地に抵当権を設定しても、不動産価格が下落すれば、土地と建物を一括で売却しても、売却金額が融資金額に届かない可能性もあるからです。しかし、親が保証人となる場合、公正証書の作成が必要であることに注意してください（→94頁）。

関連する法律：民法（抵当権）369条以下、民法（使用貸借）593条以下、民法（賃貸借）601条以下、借地借家法

相続税を支払うための資金を融資することはできますか？

事業性ローンと消費性ローン

Answer

銀行としては、相続する資産からの収益で返済可能であれば、相続税を支払うための資金を融資して問題はありません。

・・・・・・・・・・・・・・・・ 経営者との対話 ・・・・・・・・・・・・・・・・

 親が亡くなり相続が発生しました。相続財産が不動産ばかりで、相続税を支払うための現金がないので融資して欲しい。

 その不動産はご自宅ですか？　賃貸物件等事業用の不動産ですか？

 自宅もあるけど、評価額が高いのは賃貸物件です。

 その場合、賃貸物件の事業収入から返済可能であれば融資できます。まずは、賃貸物件の収支に関する資料をご提出ください。

・・・

☑ 返済原資からの観点

1　事業性ローンと消費性ローン

　融資には、①事業性ローンと②消費性ローンがあります。**事業性ローン**は、融資対象の事業収益から返済を受けるべきものです。**消費性ローン**は、収益を生まない資金使途向けのローンであり、住宅ローンやカードローンが典型例です。

　相続税納税資金を融資できるか否かは、その事業収入で返済が可能か否かの判断となります。相続財産が事業用の財産の場合、その相続税は事業資金ですから、事業性ローンとして対応します。

事業用の財産でない場合は、消費性ローンとして対応することとなります。その場合、融資を受ける人の収入（給与など）で融資可否の判断をすることとなります。銀行としては、担保価値が十分あるからといって、融資を受ける人の収入で返済できない金額の融資をしてはいけません。

2　相続財産が自社株式の場合

企業のオーナーが亡くなった場合、その企業の株価評価が高く、相続税が高額になり、相続人がその支払いに苦慮することもあります。

株式であれば、その収益は配当ですが、非上場企業は無配の会社が多く、その場合、銀行として配当を原資に事業性の融資をすることはできません。

そこで、銀行はその企業に融資をし、企業が相続人から自社株の一部を買取り、その買取資金で相続人が納税するのも１つの方法です。企業が買取ることは剰余金の範囲内であれば会社法上問題はなく、銀行としても、自己資本の一部が負債に置き変わるだけであり、それでもその企業の財務の健全性が保たれれば問題ありません。

☑ レンダー・ライアビリティ（貸手責任）

例えば、年収400万円の給与生活者の親が亡くなり、相続税評価額３億円の自宅を相続することになり、その相続税が9,000万円とします。その相続人から相続税納税資金の融資を求められても、400万円の収入では9,000万円の融資の返済はできませんから、それは断るべきです。

その法的根拠は、**レンダー・ライアビリティ**（貸手責任）になります。なぜ銀行がそのような責任を負うのかは議論がありますが、最も理解しやすいのは信義則であり（民法１条１項）、その背後にある銀行に対する社会的信頼です。

銀行としては融資をする以上、契約どおりに返済を受けるのが原則であり、いくら担保があるからといって、当初から返済が不可能であることを知っていながら融資をすることは避けるべきです。

関連する法律：民法１条（基本原則）

1-7 投資商品を買うための資金として融資をしていいですか？

投資商品に対する融資の与信判断はより慎重に

Answer

その投資が適法な投資であれば、投資商品を買うための資金として融資をしても法的には問題はありません。しかし、投資に失敗すれば返済を受けられなくなるリスクがあるので、与信判断としては慎重であるべきです。

その投資に法令違反が絡む場合は、そのような投資のバックファイナンスとして融資をしてはいけません。

· · · · · · · · · · · · · · · · **経営者との対話** · · · · · · · · · · · · · · · ·

 知人から投資話を持ち掛けられているので、そのためのお金を1,000万円貸していただけないでしょうか。

 まずは、その投資話の具体的資料を提出してください。当行で投資の内容を吟味したうえで判断させていただきます。ただし、世の中にそんなに甘い話はないので、厳しい判断になる可能性が高いと思います。

· ·

☑ 与信管理上慎重であるべき

　金融において、リスクとリターンは表裏の関係にあります。銀行から融資を受けて投資をしようとする人は、融資金利よりも高いリターンを狙うことになりますが、そこには当然リスクがあります。

　投資資金として融資をすることは、銀行にとって、ハイリスク・ローリターンな資金運用になってしまいます。

　例えば、融資の金利収入は年1％であるが、返済が滞る可能性が5％あるとしたら、銀行としては損を被る可能性が極めて高いことになります。

したがって、与信判断は慎重であるべきです。

☑ 投資話に法令違反がないかのチェックが必要

投資商品を買うための資金として融資をする際、与信判断は慎重であるべきですが、その投資商品が適法な商品であれば、法的に問題はありません。

では、投資商品の仕組みや投資商品の提供者に、法令違反がある場合はどうでしょうか。例えば、利息制限法に違反する高利の貸付を行っている消費者金融業者へのバックファイナンス、金融商品取引法上の金融商品取引業者ではないと扱えないにもかかわらず無免許業者が販売している金融商品等です。

違法の目的のための借入であることを知って融資を行うことは、**公序良俗違反**（民法90条）として無効とされる恐れがあります。無効であれば、本来、渡したものは返還されるのが原則ですが、この場合、「不法な原因のために給付をした者は、その給付したものの返還を請求することができない。ただし、不法な原因が受益者についてのみ存したときは、この限りでない。」と規定する民法708条（不法原因給付）に該当するとして融資金の返還請求権が認められない恐れがあります。

また、仮に法的責任が発生しなくても、大きなレピュテーショナルリスク（企業の評判に関わるリスク）が生じます。週刊誌等に報じられることにより、コンプライアンス意識の低い企業として貸手銀行の社会的評価が低下し、当該銀行の信用が失墜し、株価が下がる恐れもあります。

したがって、投資商品の仕組みないし提供者に法令違反がある場合等、法令違反が絡む投資のバックファイナンスとして融資をしてはいけません。

法令違反が絡む投資のバックファイナンス

関連する法律：民法90条（公序良俗）、民法708条（不法原因給付）

1-8 銀行が顧客に不動産を紹介し その購入資金を融資できますか?

宅地建物取引における宅建業者の重要事項説明と銀行の説明義務違反

Answer

銀行が顧客に不動産を紹介して購入資金を融資することは、問題はありません。しかし、銀行は宅地建物取引業者ではありませんので、宅地建物取引業者に重要事項の説明を行ってもらう必要はあります。また、銀行員が当該不動産について誤った説明をすると銀行が法的責任を負うことがあります。

・・・・・・・・・・・・・・・・・経営者との対話・・・・・・・・・・・・・・・・・

投資用マンションを買いたいので、良い物件があったら御行で紹介していただけないでしょうか。

私の担当先で、ちょうど投資用マンションを手放したいと言っていた方がいらっしゃいます。宅地建物取引士に確認・説明をしてもらったほうが良いので、当行の関連の○○不動産からご案内させていただきます。

・・

☑ 不動産会社に仲介に入ってもらうべき

銀行は宅地建物取引業者(以下、宅建業者)ではありませんから、不動産売買の媒介や代理はできませんが、単なる紹介は可能です。

しかし、不動産は法規制が複雑であり、また瑕疵(欠陥)が売買の後で問題となることも多いので、事前に十分に調査をしなければなりません。

銀行員が勧めた結果、売買に至り、後でトラブルが発生した場合、勧めた銀行の責任が問われる可能性があります。

したがって、銀行が紹介するにしても、不動産の内容の説明には立ち入らず、しっかりとした不動産業者に仲介に入ってもらい、十分な調査と説明が行われる

ようにしましょう。

 ## 知っておくと役立つ法律知識

1　宅地建物取引業法

　宅地建物取引業法（以下、「宅建業法」）12条１項は、「宅建免許を受けない者は、宅地建物取引業を営んではならない。」と規定しています。

　そして、宅建業法２条２項は、**宅地建物取引業**とは、「宅地若しくは建物の売買若しくは交換又は宅地若しくは建物の売買、交換若しくは貸借の代理若しくは媒介をする行為で業として行うものをいう。」と定義しています。

　銀行は宅建業者ではありませんので、不動産の売買等の代理や媒介とみられるような行為をしてはなりません。

2　損害賠償責任

　融資対象の不動産に関し、銀行員に説明義務違反があるとして**損害賠償責任**が認められた判例として、最判平成18年６月12日があります。

　これは、銀行の担当者が建築会社の担当者とともに、顧客に対し、融資を受けて顧客の所有地に容積率の制限の上限に近い建物を建築した後に、その敷地の一部売却によって返済資金を調達する旨の計画を説明したが、その計画には建築基準法に抵触する問題があったにもかかわらず、それを説明しなかった事案です。これに関し、最高裁は「本件計画を提案するに際し、上告人（銀行の顧客）に対して本件敷地問題とこれによる本件北側土地の価格低下を説明すべき信義則上の義務があったというべきである」と判示しました。

説明義務違反（最判平成18年６月12日）

「融資を受けて建物を建築し一部売却して返済する計画」を説明

「上記計画が建築基準法に抵触する問題」を説明せず ✕

説明義務違反

銀行担当者　　建築会社担当者　　　　　　　　　　　　　　　　　　　　　顧客

関連する法律：宅地建物取引業法、民法（不法行為）709条以下

1-9 融資の条件として投資信託を 買ってもらってもいいですか？

独占禁止法と銀行法で禁止されている行為

Answer

銀行が融資の条件として顧客に投資信託を買わせることは、抱き合わせ販売として許されません。

・・・・・・・・・・・・・・・**経営者との対話**・・・・・・・・・・・・・・・

投資信託の〇〇ファンドという新商品があります。1,000万円ご購入を検討いただけませんか。

来月、1億円を金利1％で貸してくれたら、見返りに〇〇ファンドを1,000万円買ってあげるよ。

それは抱き合わせ販売で違法行為だから厳禁です。

・・

☑ 他の商品の取引をすることを条件として融資をしてはならない

　融資の条件として、他の商品をセールスすることは違法な抱き合わせ販売や優越的地位の濫用と評価される可能性があるので慎みましょう。

⚖ 知っておくべき法律知識

1　独占禁止法

（1）抱き合わせ販売の禁止

　独占禁止法第19条で不公正な取引方法による取引が禁止されています。

> **（不公正な取引方法の禁止）**
> 第十九条　事業者は、不公正な取引方法を用いてはならない。

　不公正な取引方法については、独占禁止法の規定のほか、公正取引委員会が告示によってその具体的態様を指定しています。

　この指定には、すべての業種に適用される「一般指定」と、特定の事業者・業界を対象とする「特殊指定」がありますが、「一般指定」の10項で「相手方に対し、不当に商品又は役務の供給に併せて他の商品又は役務を自己又は自己の指定する事業者から購入させ、その他自己又は自己の指定する事業者と取引するように強制すること。」と規定されています（いわゆる「**抱き合わせ販売の禁止**」）。

　したがって、融資の条件として投資信託を買わせることは、抱き合わせ販売として、独占禁止法第19条違反となります。

抱き合わせ販売の禁止

（2）優越的地位の濫用の禁止

　また、独占禁止法の第2条は定義規定ですが、その9項5号イは、優越的地位を濫用した取引を不公正な取引方法の一形態として以下のとおり規定しています。

（定義）

第二条

⑼この法律において「不公正な取引方法」とは、次の各号のいずれかに該当する
　行為をいう。

一〜四　（略）

五　自己の取引上の地位が相手方に優越していることを利用して、正常な商習慣
　に照らして不当に、次のいずれかに該当する行為をすること、

　イ　継続して取引をする相手方（新たに継続して取引しようとする相手方を含
　　む。ロにおいて同じ。）に対して、当該取引に係る商品又は役務以外の商品
　　又は役務を購入させること。

　したがって、融資の条件として投資信託を買わせることは、独占禁止法第2条
9項5号イで定義する行為に該当し、不公正な取引方法の一態様である**優越的地
位の濫用**として、独占禁止法第19条違反になる可能性もあります。

優越的地位の濫用の禁止

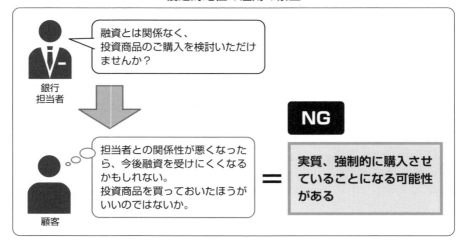

2　銀行法

　銀行法第13条の3（銀行の業務に係る禁止行為）の3号は、銀行に対し「顧客
に対し、当該銀行又は当該銀行の特定関係者その他当該銀行と内閣府令で定める

密接な関係を有する者の営む業務に係る取引を行うことを条件として、信用を供与し、又は信用の供与を約する行為」を禁止しています。融資は信用を供与するものです。銀行の特定関係者とは、銀行の子法人、関連法人等です。

　すなわち、上記銀行法の規定は、銀行本体又はその関連会社との取引を条件として融資を行うことを禁止しています。したがって、融資の条件として投資信託を買わせることは、銀行法第13条の3違反です。

銀行法第13条の3違反

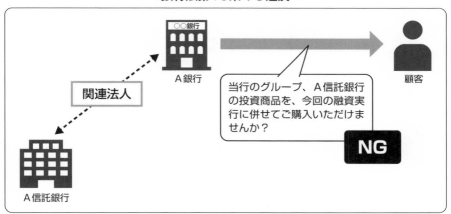

関連法人

A銀行

A信託銀行

顧客

当行のグループ、A信託銀行の投資商品を、今回の融資実行に併せてご購入いただけませんか？

NG

関連する法律：独占禁止法、銀行法

融資先に保険を買ってもらってもいいですか？

保険募集制限先規制とタイミング規制、担当者分離規制

Answer

銀行が融資の条件として顧客に保険を買わせることは、**抱き合わせ販売**として許されません。融資の条件としなくても、融資先に保険を販売することは、保険募集制限先規制に該当するので、注意してください。

・・・・・・・・・・・・・・・・・・・・・ **経営者との対話** ・・・・・・・・・・・・・・・・・・・・・

 節税対策として税理士から生命保険を勧められているんだけど、御行でも生命保険を取り扱っているよね。あなたから、御行がどういう生命保険商品を取り扱っているのか、説明してもらえませんか。

 申し訳ありませんが、私のような融資担当者は保険の募集を行えないので、保険窓販担当のＡから説明させていただきます。

・・・

☑ 保険窓販には弊害防止措置がある

　融資の条件として、他の商品をセールスすることは違法な抱き合わせ販売や優越的地位の濫用として評価される可能性があることは、30頁で説明したとおりです。

　それに加え、保険については、銀行に保険窓販が認められた際の経緯から、様々な弊害防止措置が定められています。融資担当者が気をつけなければならない弊害防止措置に、**保険募集制限先規制**や**タイミング規制**等があります。

☑ 弊害防止措置

1　融資先募集規制等

　一定の保険商品^(注)については、事業性資金の融資先（従業員数50人以下の小規模事業者については、その従業員等を含む。ただし、地域金融機関には特例がある。）に対し、手数料を得て保険募集を行ってはならないこととされています（保険業法施行規則第212条第3項第1号）。

2　タイミング規制

　顧客が銀行に対し事業性資金の借入申込みをしていることを知りながら、銀行がその顧客を契約者とする、一定の保険商品^(注)の保険募集を行うことは禁止されています。また、銀行に事業性資金の借入申込みをしている法人の代表者に保険募集を行うことも禁止されています（保険業法施行規則第234条第1項第10号）。

3　担当者分離規制

　銀行は、一定の保険商品^(注)については、融資に関して顧客と応接する者が保険の募集を行わないことを確保するための措置を講じなければなりません（保険業法施行規則第212条第3項第3号）。

（注）一定の保険商品

①第三次解禁商品の一部
　一時払終身保険（法人契約）、一時払養老保険（法人契約）、
　短満期平準払養老保険、個人向け賠償保険等
②全面解禁商品
　定期保険、平準払終身保険、長期平準払養老保険、
　貯蓄性生存保険（死亡保障部分の大きいもの）、医療・介護保険、自動車保険、
　団体火災保険、団体傷害保険等

関連する法律：保険業法、独占禁止法、銀行法

融資相談 1-11 融資の条件として定期預金を組んでもらってもいいですか？

投資信託や保険と定期預金の違い

> **Answer**
>
> 銀行が定期預金の設定を融資の条件とすることは、優越的地位の濫用や抱き合わせ販売と評価を受ける可能性がありますが、融資が延滞とならないために必要性が認められる場合もあります。不当な「条件」と評価されるような高額の定期預金設定を融資の条件としてはいけません。

・・・・・・・・・・・・・・・・・・・・・ **経営者との対話** ・・・・・・・・・・・・・・・・・・・・・

 　アパート建設資金の借入申込みを受けていますが、修繕資金の備えとして、毎月５万円の積立定期が条件になります。

 　それじゃあ、折角アパートを建てても、使える収入がほとんどなくなってしまう……。

 　しかし、アパートを持っていれば、入居者が入れ替わる度に一定のリフォーム工事が必要ですし、10年に１度程度は屋上防水工事や外壁塗装が必要になりますので、毎月５万円くらい積立てておかないと、後で困りますよ。

・・

☑ 投信や保険とは異なる面もある

　銀行が融資の条件として取引を要請する商品として最もよく聞くのは預金です。

　しかし、一方で融資先が定期預金や積立預金を設定していることは、融資先に不測の事態が生じたときに延滞となることを避けるためには意義があります。したがって、投資信託のように、その設定を条件にしたら無条件に違法というわけではありません。

　しかし、その金額が過大である場合、違法な抱き合わせ販売や優越的地位の濫

用として評価される可能性があります。

☑金融取引報告書

　平成18年6月に公正取引委員会から「金融機関と企業との取引慣行に関する調査報告書」（金融取引報告書）が公表されました。

　金融取引報告書では「取引上優越した地位にある金融機関が借り手企業に対して次のような行為を行うことは、独占禁止法上問題となる」と記載されています。

○債権保全に必要な限度を超えて、融資に当たり定期預金等の創設・増額を受け入れさせ、又は預金が担保として提供される合意がないにもかかわらず、その解約払出しに応じないこと。

○借り手企業に対し、要請に応じなければ融資等に関し不利な取扱いをする旨を示唆して、自己の提供するファームバンキング、デリバティブ商品、社債受託管理等の金融商品・サービスの購入を要請すること。

　したがって、定期預金の設定を融資の条件とすることは、他の金融商品・サービスと異なり、債権保全に必要な限度であれば許されます。

　以上は、優越的地位の濫用に関する記載ですが、抱き合わせ販売についても、抱き合わせ販売を不公正な取引の一類型とする「一般指定」の10項は「相手方に対し、不当に、商品又は役務の供給に併せて他の商品又は役務を自己又は自己の指定する事業者から購入させ、その他自己又は自己の指定する事業者と取引するように強制すること。」と規定されていますので、債権保全に必要な限度であれば許されます。

　例えば、1回の返済相当額を入金忘れに備えて定期預金にしてもらうとか、アパート建設資金の融資において、修繕積立金として必要な金額を積立定期預金に設定してもらうのであれば、債権保全に必要な範囲として許容されると考えられます。

　33頁で前述した銀行法第13条の3についても同様に考えられます。

　ただし、定期預金等の設定自体は適法であっても、その解約を拒む権利は銀行にはありません。したがって、解約を拒むことは違法なので注意してください。

関連する法律：独占禁止法、銀行法

1-12 個人に融資をする場合、誰を保証人にすれば良いですか？

個人に融資をする場合の保証人の必要性

> **Answer**
>
> 融資先の個人が亡くなった場合、法定相続人が全員相続を放棄すると銀行は融資の返済を受けられなくなるので、個人に融資をする場合、原則、相続人を保証人とすべきです。

・・・・・・・・・・・・・・・・・ **経営者との対話** ・・・・・・・・・・・・・・・・・

 　当行のルールでは個人に融資する場合、原則として法定相続人のうちの１名を保証人とすることになっています。

 　でも私には配偶者も子もいないので、どうすれば良いですか。

 　かしこまりました。アパート建築予定地が一等地で評価が高く、相続人が全員相続放棄をしたとしても、抵当権を実行すれば融資金の全額について返済を受けることができそうなので、保証人なしで融資できるよう審査部と協議します。

・・

☑ 与信管理上は相続人のうち最低１名を保証人にすべき

　融資先の個人が亡くなった場合、法定相続人が全員相続を放棄すると銀行は融資の返済を受けられなくなるので、個人に融資をする場合、与信管理上は、原則、**相続人のうち最低１名を保証人**にすべきです。

　与信管理上の理由であれば、十分な担保がある等、与信管理上問題がない場合、保証人なしでも良いようにも思えるかもしれません。しかし、担保による回収は時間と費用でロスがあるため、十分な担保がある場合も相続人のうちの最低１人は保証人とすべきです。

　ただし、アパートローン等事業性の融資の場合は、94頁で後述のとおり、公正

証書の作成が必要なので留意してください。

☑ 融資先の相続に関する法律知識

1 相続

相続財産には、プラスの財産である**積極財産**と、マイナスの財産である**消極財産**があります。

（1）積極財産

相続が発生した場合、預貯金や不動産等プラスの財産は、可分のものは法定相続分で当然に分割され、不可分のもの（預貯金を含む）は法定相続人で一旦共有状態となって相続人に相続した後、遺産分割協議を行います。

積極財産の相続

（2）消極財産

融資金など、相続人が負っていた債務は、相続が発生した場合、法定相続分で当然に分割されて法定相続人が相続します。例えば、相続人が妻、長男、長女の場合で、被相続人が1億円の融資債務を負っていた場合、妻が5,000万円、長男と長女が各2,500万円を当然に相続します。

しかし、住宅ローンやアパートローンでは、不動産を相続した人が、融資も相続するのがあるべき姿です。そこで、不動産を相続しなかった人が相続した融資債務を、不動産を相続した人が免責的債務引受（→161頁）をすることが一般的です。

なお、免責的債務引受には銀行の承諾が必要です。

2　相続放棄

相続放棄とは、被相続人の財産に対する相続権の一切を放棄することです。相続を放棄した者は、初めから相続人とならなかったものとみなされます（民法939条）。放棄の対象となるのは被相続人のすべての財産であり、預貯金や不動産などのプラスの財産だけでなく、負債などのマイナスの財産も含まれます。この相続放棄は、相続の開始があったことを知った時から3ヶ月以内に裁判所に必要な書類を提出することで認められます（民法915条1項）。

相続人全員が相続を放棄した場合、債権者である銀行は、相続財産管理人の選任を家庭裁判所に申立てることができます（民法952条1項）。相続財産管理人は相続財産から相続債権者に弁済することができます。しかし、相続財産管理人の申立ては、費用と時間がかかるので、金融機関としては避けたいものです。

3　相続人を保証人とする意味

相続人のうちの1人が保証人となっている場合、その人が相続放棄をしても保証人として銀行に対する返済義務を逃れることができません。したがって、一般には保証人となっている相続人は相続を放棄しません。

もっとも、銀行としては、債務を相続する人がいるだけでなく、その人が返済をする資力を持っていることも大事です。したがって、保証人である相続人には、相続放棄をしないだけではなく、その融資の目的たる事業（アパートローンであれば、ローンで建てたアパート）を相続してもらうようにしましょう。

4　相続人のいない財産に対する抵当権実行

　相続人全員が相続放棄をした場合、銀行が抵当権を実行して融資金を回収するにはどうすれば良いかという問題が生じます。

　抵当権の対象不動産等を売却して融資金を回収するには、任意売却又は競売によります。しかし、相続人全員が相続放棄をした場合、任意売却する主体が存在しないので任意売却ができません。

　また、担保不動産競売を裁判所に申立てようとしても所有者が不存在のため申立てが認められません。

　そこで、金融機関はまず相続財産管理人の選任を家庭裁判所へ申立てなければなりません（→163頁）。

　相続財産管理人とは、亡くなった人に相続人がいない場合に、相続財産を管理したり処分したりする人のことです（民法952条以下）。相続財産管理人は、管理する人がいない相続財産を適切に管理したうえで、債権者には相続財産の中から債務を支払い、売却できる相続財産は換価・換価価値のない相続財産は処分し、最後に残った財産は国庫に帰属させる手続きを行います。

　この相続財産管理人は、利害関係人又は検察官の請求によって、家庭裁判所が選任をします。融資元の銀行は利害関係人ですから、相続財産管理人の選任を請求することができますが、それには時間と費用を要します。

　相続人全員が相続放棄をした場合、銀行は抵当権を実行するにしても、まずは、この相続財産管理人の選任を裁判所に申立てなければならず、時間を徒過してしまいます。さらに、裁判所への予納金が100万円程度必要といわれています。

　したがって、融資先が個人の場合、相続人のうち１名以上を保証人にとっておかないと、仮に融資先が十分な不動産担保を有していたとしても、回収に費用と時間を要してしまう可能性があります。

関連する法律：民法（抵当権）369条以下、民法（相続）882条以下

反社会的勢力とは何ですか？

反社会的勢力の見抜き方

Answer

反社会的勢力とは、暴力団、暴力団関係企業、総会屋、社会運動標ぼうゴロ、政治活動標ぼうゴロ、特殊知能暴力集団等をいいます。また、暴力団という組織のみでなく、暴力団員、暴力団準構成員、共生者及び密接関係者も反社会的勢力として捉えられます。

・・・・・・・・・・・・・・・・・・・・ **経営者との対話** ・・・・・・・・・・・・・・・・・・・・

 御社からの融資の申込みについて、本部で審査をさせていただきましたが、残念ながら審査が下りませんでした。

 当社の業況は良いのに、何で貸してもらえないのですか。

 総合的な判断です。

・・

☑ 反社会的勢力とは何か

　反社会的勢力とは、その定義が法律上あるわけではありませんが、政府が平成19年6月に公表した「企業が反社会的勢力による被害を防止するための指針」に従い、暴力団、暴力団関係企業、総会屋、社会運動標ぼうゴロ、政治活動標ぼうゴロ、特殊知能暴力集団等といった属性要件に着目するとともに、暴力的な要求行為、法的な責任を超えた不当な要求といった行為要件にも着目し判断します。また、暴力団という組織のみでなく、暴力団員、暴力団準構成員、共生者及び密接関係者も反社会的勢力として捉えられます。

　ここで、留意すべきは、一言で「反社会的勢力」といっても、その態様は様々であることです。営業店が反社会的勢力であると認識するのはデータベースでの

チェックによる場合が多いと思われますが、データベースで該当した場合、営業店としては、当該取引先がどのような態様で「反社会的勢力」と認定されているのかを理解することが必要です。

☑ 反社会的勢力が関与する取引を見抜く着眼点

暴力団自体に融資をする銀行はないでしょうが、問題となるのは、いわゆるフロント企業です。フロント企業とは、暴力団が設立し経営に関与している企業、あるいは暴力団と親交のある者が経営し暴力団に資金提供を行うなど、組織の維持・運営に積極的に協力・関与する企業をいいます。実業を営んでいるので、銀行は気がつかないこともあります。また、融資当時はフロント企業ではなかったものの、その後、経営権の譲渡等によりフロント企業になる場合もあります。

銀行としては、反社会的勢力に融資していることを、マスコミに報道されたり、当局検査で指摘されたりするより以前に、まず自ら把握しなければいけません。

そこで、融資先については、取締役の不芳属性調査、大口仕入先・販売先の不芳属性調査などを融資先の決算の都度行うとともに、企業活動のヒアリングやインターネットでの風評調査を通じて、反社会的勢力でないことを継続的にチェックしていくことが望まれます。

☑ 借入申込時の反社チェック

反社会的勢力に融資をしてはいけないのは、その融資金が暴力団等の資金に回り、反社会的活動の資金源となるからです。銀行としてはコンプライアンス上許容できないだけではなく、レピュテーショナルリスクからも絶対に避けなければなりません。さらに、融資先が反社会的勢力の場合、融資金の回収が困難になることも想定されます。

そこで、融資時には必ず「反社チェック」を行いますが、それは企業名や代表者名だけではなく、取締役・監査役等の役員全員、主要株主、主要な仕入先や販売先についても行うべきです。

なぜなら、反社会的勢力はそれが表に出ては融資を受けられないことを自分で知っていますから、表面はホワイトな企業を装って借入を申込んでくるからです。

借入の申込段階では、契約自由の原則が働きますから、反社会的勢力の疑いがある場合、融資を拒絶して何ら問題はありません。その場合、「**総合的判断**」等を理由とします。

一方、一旦融資をした後で反社会的勢力であることが発覚した場合、後述のように難しい対応を迫られるので、融資時に、十分に反社チェックを行っておくことが大事です。

☑ 融資先が反社会的勢力であると発覚した場合

1　懸念事項

融資先が反社会的勢力であると判明した場合、その融資金が暴力団等の資金に回り、反社会的活動の資金源となっている可能性が高いので、融資は回収すべきです。一方で、営業店には、①法的に回収して問題ないのか、②回収できず、かえって不良債権となり損失が膨らむのではないか、③回収するために融資先と接触することに問題はないのか、といった懸念があると思います。

①については後述（→226頁）のとおり暴排条項により期限の利益を喪失できます。②③については以下のとおりです。

2　回収できず不良債権となり損失が膨らむのではないか

延滞に陥っている等、既に経営状態が芳しくない融資先について、通常の取引先であれば、すぐに期限の利益を喪失させるよりも、リスケに応じ、経営指導をしながら改善を促す方が融資金の回収において効果的である場合が多くあります。しかし、銀行が反社会的勢力に対し経営指導を行うことは許されません。したがって、仮に、リスケに応じたほうが多くの金額を回収できる見込みがあったとしても、期限の利益を喪失すべきです。

一方、毎月の約定弁済がきっちりされている場合はどうすべきでしょうか。まず、担保による保全ができており、抵当権の実行や預金相殺で回収の見込みが立つ場合は、反社会的勢力であることの立証が可能であれば、暴排条項（→46頁）を根拠に期限の利益を喪失させ、回収すべきです。悩ましいのは、担保による保全は十分でないが、経営状態から約定弁済には懸念がない場合です。このような

融資先に、暴排条項を根拠に期限の利益を喪失させると、当該融資先が資産を隠匿して、かえって回収できなくなる可能性が高いのが実情です。

一方で、回収を優先し、期限の利益を喪失させず融資取引を継続させると、それがマスコミ等に漏れた場合、社会的批判を浴び、銀行は、当該融資先からの回収不能額以上に損失を被ることもあります。

やはり、反社会的勢力であることの立証が可能であるのであれば、期限の利益を喪失させ、回収に向かうことを原則とすべきです。

3 回収するために融資先と接触することに問題はないのか

期限の利益を喪失させ回収に向かう場合、当該融資先と何らかの接触をしなければなりません。そこには、①役職員への危険、②業務妨害をされるリスク、③接触していることが社会的に批判されるリスクがあります。

まず留意しなければならないのは、役職員への危険です。営業店役職員が直接接触する場合は、①必ず複数人で接触する、②録音、録画できる状況で接触する、③事前に警察に連絡し連携できるようにしておくなど、留意する必要があります。

また、支店のロビーでわめく、街宣車を支店の前に寄越すなど、業務を妨害する可能性もあります。その場合、刑法上の業務妨害罪に該当する可能性があるので、警察と連携して対処する必要があります。

一方、当該融資先が紳士的な対応をするからといって、繰り返し支店役職員が接し回収交渉をしていると、銀行役職員が反社会的勢力と会っていることが報じられ、社会的に批判されるリスクがあります。回収の初動は営業店がとるとしても、回収交渉は長引かせず、難航する場合は、早期に法的措置を講じる判断をし、弁護士に委任すべきです。

☑ 暴排条項を根拠にした期限の利益喪失

　銀行取引約定書や金銭消費貸借契約書では、「反社会的勢力の排除」等と題する条項を設け、融資先が反社会的勢力であることが判明した場合、銀行から期限の利益を喪失できるように備えているのが通例です。これを暴排条項といいます。

　ただし、暴排条項を根拠に期限の利益を喪失させる場合、銀行側から当該融資先が反社会的勢力であることを立証しなければなりません。したがって、暴排条項により期限の利益を喪失させる場合は、その融資先が反社会的勢力であることの立証可能性について、警察や弁護士に相談したうえで判断する必要があります。

☑ 特定回収困難債権買取制度

　平成23年5月に成立した預金保険法の一部を改正する法律により、**特定回収困難債権買取制度**が創設され、預金保険機構は、本制度に基づき反社会的勢力への融資債権を買取ることが可能となりました。

　これを受けて、預金保険機構からは「特定回収困難債権の買取りに係るガイドライン」が公表されていますが、買取り対象となる類型については、「当該貸付債権の債務者又は保証人が暴力団員であって当該貸付債権に係る契約が遵守されないおそれがあること」（属性要件）と、「当該貸付債権に係る担保不動産につきその競売への参加を妨害する要因となる行為が行われることが見込まれること」（行為要件）が例示されています。

　買取といっても買取価格は回収可能性を勘案して決められます。

　なお、通常の銀行の不良債権処理では、サービサーに売却することが多いですが、サービサーは一般に、反社会的勢力を債務者とする債権は買取りません。なぜなら、債務者が反社会的勢力の場合、サービサーが一般に行う一部弁済を受け残債を免除する和解をすることが利益供与とされ、許されないからです。

関連する法律：民法（抵当権）369条以下、民法（相続）882条以下

Column 銀行と法律

　銀行に関する法律と聞いて「銀行法」を真っ先に思い浮かべる人もいるでしょう。

　銀行法は、銀行業務の根拠法であり、業務の規整に関して規定していますが、営業店業務で銀行法を意識することはほとんどないでしょう。銀行業務では、銀行法に限らず様々な法律の適用を受けています。

＜銀行業務としてのルール＞
- 銀行法

＜会社（銀行を含む）の意思決定、業務執行に関するルール＞
- 会社法

＜顧客との取引一般に適用されるルール＞
- 民法
- 商法

＜各業務に関連するルール＞
(1) 預為：手形法、小切手法、電子記録債権法、所得税法等
(2) 融資：不動産登記法、動産・債権譲渡特例法、債権管理回収業に関する特別措置法等
(3) 外為：外為法、内国税の適正な課税の確保を図るための国外送金等に係る調書の提出等に関する法律等

＜顧客を保護するためのルール＞
- 独占禁止法
- 個人情報保護法
- 利息制限法
- 出資法等

　なお、銀行、信用金庫、信用組合には貸金業法は適用されません（貸金業法2条1項2号）。

期限前返済の概要

> **Answer**
>
> 一般には、一定のペナルティないし手数料を支払えば期限前に返済ができる等の規定を契約書に設けていますので、期限前返済（繰上返済）が可能か否か及び可能な場合の条件は契約書で確認しましょう。

・・・・・・・・・・・・・・・**経営者との対話**・・・・・・・・・・・・・・・

　　　資金に余裕ができたので、御行からの長期借入を繰り上げて返済したいのだけど、どうすれば良いの？

　　　御社との金銭消費貸借契約書では、期限よりも前に繰り上げて返済いただく場合、返済元本の２％を手数料としていただくことになっています。

・・・

☑ 契約書を確認すること

　融資の期限より前に返済を行うことを**繰上返済**又は**期限前返済**といいます（ここでは期限前返済という用語に統一します）。銀行としては期限前に返済を受けると将来の金利収入を失うばかりか、実損を被る可能性もあります。

　例えば、５年ものの市場金利（インターバンク市場の金利）が１％の時に、利鞘１％を乗せて、金利２％、期間５年、期限一括返済の条件で１億円を融資した債権について、ちょうど２年経過した時点で全額期限前返済を受けるとします。

　そうすると、銀行は今後３年間の利鞘300万円（１億円×１％×３年）を得損ねてしまいます。

　また、銀行の不利益はそれだけではありません。期限前返済時点でインターバンク市場の３年物の金利が0.6％だった時、銀行は返済を受けた資金を0.6％でしか運用できません。一方で、この資金は２年前に１％で調達した資金です。その

結果、銀行は120万円（1億円×（1％−0.6％）×3年）の実損を被ることになります。

期限前返済による銀行側のデメリット

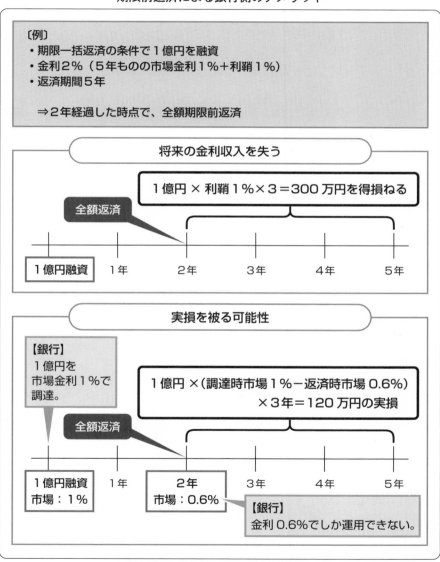

〔例〕
- 期限一括返済の条件で1億円を融資
- 金利2％（5年ものの市場金利1％＋利鞘1％）
- 返済期間5年

⇒2年経過した時点で、全額期限前返済

将来の金利収入を失う

1億円 × 利鞘1％×3＝300万円を得損ねる

全額返済

1億円融資　1年　2年　3年　4年　5年

実損を被る可能性

【銀行】
1億円を
市場金利1％で
調達。

1億円 ×（調達時市場1％−返済時市場0.6％）
×3年＝120万円の実損

全額返済

1億円融資
市場：1％　1年　2年
市場：0.6％　3年　4年　5年

【銀行】
金利0.6％でしか運用できない。

そこで、期限前返済については、契約書に、以下の例のような規定を設けて、歯止めをかけているケースが多いようです。

①期限前返済を不可とする。
②期限前返済額×○％を手数料として徴求する。
③期限前返済額×（融資時の融資期間の指標金利と返済時の残存期間の指標金利の差）×残存期間　で求まる金額をペナルティとして徴求する

　ただし、変動金利の融資においては、銀行が実損を被ることはないので、期限前返済に対する歯止めがないこともよくあります。
　また、住宅ローンにおいては消費者保護の観点から、期限前返済の歯止めがないことが多いようです。

☑ 民法の規定

　民法136条は以下のとおり規定しています。

（期限の利益及びその放棄）
第百三十六条　期限は、債務者の利益のために定めたものと推定する。
2　期限の利益は、放棄することができる。ただし、これによって相手方の利益を害することはできない。

　すなわち、融資の期限は債務者である借入人の利益のためのものと推定されますので、借入人がこれを放棄し、期限前に返済することは自由です。しかし、2項で「これによって相手方の利益を害することはできない。」と規定されていますので、民法136条に従えば、借入人が期限前返済を行う場合はそれによって銀行が害される利益を償わなければなりません。
　しかし、民法136条は任意規定です。したがって、契約書の記載が優先されます。期限前返済によって銀行が害される利益はわかりにくいので、契約書において期限前返済に関し規定を設けてあるのが一般です。

関連する法律：民法136条（期限の利益及びその放棄）

第 **2** 章

融 資 審 査

適切な融資を実行するために
必要な法律知識

2-1 資金使途のエビデンスは 原本を確認しないといけませんか？

原本を確認することの重要性

Answer

現在のＩＴ技術では、電子ファイルを改竄することは容易です。した がって、改竄されていないことを確認するため、原本を確認すること が重要です。

・・・・・・・・・・・・・・・・・・・・・・**経営者との対話**・・・・・・・・・・・・・・・・・・・・

今回の融資金で買う不動産の売買契約書を持ってきました。〇日 までに銀行の審査に通らないと、自動的に解除となる融資特約条項 がついているので、〇日までに審査をお願いします。

この売買契約書はコピーですよね。原本を持ってきてください。 それを私がコピーして、原本をお返しいたします。

原本を確認したのち、審査いたします。お日にちのお約束はでき ませんが、ご希望日を踏まえ審査を進めます。

・・

☑ 融資審査資料、実行条件のエビデンスの確認

1 資金使途のエビデンスを確認する目的

　事業性の融資のうち、設備資金の融資は、その融資金で買った設備により事業 を行い、その事業収益から返済を受けます。したがって、その融資金で買った設 備により、きちんと事業が行われないと返済が滞ってしまうリスクがあります。

　もしかすると、取引先は、事業拡張のために設備投資が必要といって融資を受 けておきながら、実際には設備投資は行わず、融資金を赤字運転資金に回してし まうかもしれません。そのようなことを避けるため、必ず資金使途のエビデンス を確認する必要があります。

2　原本確認の必要性

平成30年頃、スルガ銀行が、顧客が残高を大きく改竄した通帳を自己資金確認資料として投資用不動産の購入資金を融資しているとしてマスコミを賑わせました。

その手口は、不動産業者が通帳をスキャンしてパソコンに読み込ませ、パソコン上で改竄加工したうえで、印刷したものを「写し」としてスルガ銀行に提出するやり方が主流だったようです。スルガ銀行が通帳等の原本確認を怠ったから、このような詐欺的な手口が横行したのです。

現在のＩＴ技術では、電子ファイルを改竄することは容易です。PDFファイルも専用ソフトがあれば簡単に上書きできます。

例えば、建設業者が、本当は建設機械を新たに買う予定はないにもかかわらず、過去の建設機械購入時の売買契約書を日付と金額だけ改竄して、新たに買うような契約書の写しを作ることは容易です。

IT技術が進んだ現在において、**写しの偽造・改竄は容易**であり、**原本を確認**しないと真に確認したことにはならないことを肝に銘じてください。

☑ 刑事罰の可能性

設備投資予定がないにもかかわらず、偽造・改竄したエビデンスを作って銀行から設備資金名目で融資を受けた場合、その借手は銀行を騙して金銭の交付を受けたことになりますから詐欺罪（刑法246条）になります。

一方、原本の確認は銀行では営業店の担当者が行い、銀行ではその写しを保管し、原本は取引先に返却します。

営業店の担当者が、取引先が原本を提出できない事情を知りながら、融資実績欲しさに目を瞑って原本確認をしないで融資を実行すると、その営業担当者は、**詐欺罪の幇助犯**（刑法62条１項）として、刑事罰の対象となり得るので注意しましょう。

関連する法律：刑法62条（幇助）、刑法246条（詐欺）

2-2 完了検査を合格していない建物の 購入資金を融資してもいいですか？

確認済証・検査済証の必要性

> **Answer**
>
> 建物建築資金又は建物購入資金を融資する時は、建築確認済証と検査 済証を確認しましょう。

・・・・・・・・・・・・ 経営者との対話 ・・・・・・・・・・・・

 今回住宅ローンで買う中古住宅の建築確認済証と検査済証の提出 が必要とのことですが、前の所有者が失くしたと言っているんだけ ど、どうすれば良いですか。

 市役所に行けば台帳記載事項証明書というものを発行してもらえ ます。これに建築確認済証や検査済証と同じ情報が載っていますの で、売主からこの2点をもらうようにしてください。

☑ なぜ違法建築でないことを確認する必要があるのか

　銀行が違法建築の建築資金を融資することは、①コンプライアンスに反する行 為を助長させるだけではなく、②将来の債権回収のリスクからも回避すべきです。

　一般に銀行は新築時のみならず、中古物件の売買時においても、当該建物が建 築確認を得ていること、及び完了検査を通っていることを確認します。したがっ て、建築確認を得ていない建物、建築確認は得ているものの完了検査を通ってい ない建物には融資が付きません。不動産は、融資が付かないと売却が困難です。 よって、借り手の返済が滞り、銀行としては、当該建物を売却することで返済を 受けようとしても、それができません。

知っておくと役立つ法律知識

1　建築基準法

建築基準法は、「建築物の敷地、構造、設備及び用途に関する最低の基準を定めて、国民の生命、健康及び財産の保護を図り、もつて公共の福祉の増進に資することを目的とする」法律です。行政法規ですので、直接の民事的効力はありませんが、これに反する建築物は取引が成立しにくいので、経済的価値を保つためにも遵守する必要があります。

建築基準法の対象になるのは、建築物、建築物の敷地、設備、構造、用途です。その土地にどんな用途や規模の建物が建てられるのか、建てられる家の床面積や建築面積の上限は何㎡かといった、多岐にわたるルールが定められています。着工前に建築確認申請をして行われる建築確認や、着工後の中間検査、完了検査なども建築基準法で定められています。

2　建築確認

建物の建築主は、建築基準法第6条により、建築関係の各種法令に適合したものであることの確認の申請書を提出して建築主事（又は指定確認検査機関）の確認を受け、56頁のような**確認済証**（建築確認通知書）の交付を受けなければなりません。確認済証は、工事着工前の設計段階で交付されるため、銀行は、融資をする建物が建築基準法に合致しているか融資実行前に確認することができます。

3　完了検査

建物の建築主は、建築基準法第7条により、工事が完了したときは、建築主事（又は指定確認検査機関）の検査を申請しなければなりません。建築主事等は、検査をし、当該建築物及びその敷地が建築基準関係の各種法令に適合していることを認めたときは、建築物の建築主に対して57頁のような**検査済証**を交付します。

確認済証

「確認済証」（見本）
第七号様式（第二条、第三条関係）

建築基準法第６条第１項の規定による

確認済証

　　　　　　　　　　　　　　　第　　　　　　号

　　　　　　　　　　　　　令和　　年　　月　　日

建築主、設置者又は築造主

　　　　　　　　　　　　建築主事　　　　　　印

下記による確認申請書に記載の計画は、建築基準法第６条第１項（建築基準法第６条の３第１項の規定により読み替えて適用される同法第６条第１項）の建築基準関係規定に適合していることを証明する。

　　　　　　　　　　　　　　　記

１．　申請年月日　　令和　　　年　　　月　　　日

２．　建築場所、設置場所又は築造場所

３．　建築物、建築設備若しくは工作物又はその部分の概要
　　用途
　　工事種別　新築
　　構造
　　敷地面積　　　　　　　　　㎡
　　建築面積　　　　　　　　　㎡　階数　地上階　　　地下階
　　延べ面積
　　　申請部分　　　㎡　　申請以外部分　　　㎡　合計　　　㎡

（注意）この証は、大切に保存しておいてください。

検査済証

建築基準法第７条の２第５項の規定による

検 査 済 証

第　XXXXXXXXXXX　号
令和　□□年　□月□日

△△　△△　様

指定確認検査機関　株式会社○×建築確認検査機関　　| 印 |

　下記に係る工事は、建築基準法第７条の２第１項の規定による検査の結果、建築基準法第６条第１項（建築基準法第６条の３第１項の規定により読み替えて適用される同法第６条第１項）の建築基準関係規定に適合していることを証明する。

記

1．確認済証番号　　　　　　　　　　　　　　　　　　第XXXXXXXXXXX　号

2．確認済証交付年月日　　　　　　　　　　　　　令和□□年□月□日

3．確認済証交付者　　　　　　　　　　　　○○建築センター　○○　○○

4．建築場所、設置場所又は築造場所　　　東京都○○市○○丁目○○番○○号

　　　　　　　　　　　　　　　　　　　　　　　　　　　　　　　　所在地

5．検査を受けた建築物、建築設備若しくは工作物又はその部分の概要

【主要用途】　　　　　　　　　　　　　　　一戸建ての住宅
【工事種別】　　　　　　　　　　　　　　　　新築　　　　　　　　　　用　途
【床面積】　　　　延べ床面積（建築物全体）　　　　　　　104.60㎡
　　　　　　　　　今回検査対象床面積　　　　　　　　　　104.60㎡
【申請棟数】　　　　　　　　　　　　　　　　　　　　　　1棟
【建築物の構造】　　　　　　　　　　　　　　　　　　　　木造
【建築物の階数】　地階を除く階数（地上階数）　　　　　　2階
　　　　　　　　　地階の階数　　　　　　　　　　　　　　　階

6．検査年月日　　　　　　　　　　　　　令和　□□年　□月　□日

7．検査を行った確認検査委員氏名　　　　　　　　　　　○○　○○

　　（注意）この証は、確認通知書とともに大切に保存しておいてください。

関連する法律：建築基準法

2-3 境界が確定していない土地を購入する資金を融資してもいいですか？

境界確定の重要性と筆界確定制度

Answer

土地売買において境界が確定していない場合、土地を買った後の利用方法について借入申込者からよく話を聞き、買った後の利用に問題がないかを判断しましょう。

・・・・・・・・・・・・・・・・・・・ **経営者との対話** ・・・・・・・・・・・・・・・・・・・

 当社が建売住宅用地として仕入れたＡ土地の購入資金の融資の件ですが、現所有者と隣地所有者との間で境界が確定していないことが発覚しました。融資の件、大丈夫でしょうか。

 確定していない事情によります。隣地所有者と揉めているのなら融資は難しいと思います。

・・・

☑ 自己使用目的か転売目的か

　土地売買において、隣地との境界は重要です。そこで、隣地所有者の立ち会いのもと、売主が土地境界を買主に明示することが基本です。境界の標が鋲や金属のプレート、コンクリート杭であればわかりやすいのですが、ブロックや柵等の場合では、その内か外か中心かによっても境界の位置は変わってきますので、明確に示してもらう必要があります。しかし、ここで隣地所有者と隣地との境界についての認識が合わないこともあります。

　その場合は、境界は未確定ということになり、隣地所有者との紛争になることが想定されます。そのような土地の売買も買い手がそれを承知で買うのであれば有効です。しかし、そのような土地は、一般に買い手が付きにくく、売却に支障があります。自宅や自社工場に使用するなど自己使用目的で買う場合は、それを納得して買うのであれば問題ありませんが、転売目的の場合は転売に支障が出ま

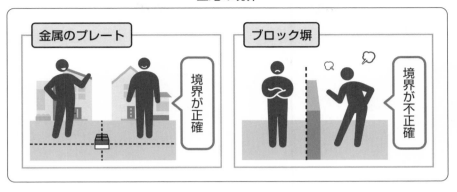

土地の境界

金属のプレート

境界が正確

ブロック塀

境界が不正確

す（もっとも自宅でも売却に支障があると聞くと買うのを躊躇う方が多いでしょ
う）。

　したがって、銀行としては与信判断として、そのような土地を転売目的で買う
ための資金の融資は断るべきでしょう。転売ができない場合に返済が滞るリスク
があるからです。

　なお、境界が未確定ということは、土地の実際の広さが未確定ということです
から、建物の建築にも制約が生じ得ます。土地を買うのが建売業者の場合、思う
ように建築が進められないリスクもあります。

知っておくと役立つ法律知識

1　境界明示義務

　法律上、土地の売買において境界を明示する義務はありません。しかし、通常
は、境界が明示されない土地は売れないので、契約書に売主の明示義務を定めま
す。例えば全日本不動産協会の売買契約書雛形には、以下のような条項がありま
す。

> 【全日本不動産協会の売買契約書】
>
> （境界の明示）
>
> 第5条　売主は、買主に対し、残代金の支払日までに、土地につき現地にて境界標を指示して境界を明示します。なお、境界標がないとき、売主は、買主に対し、その責任と負担において、新たに境界標を設置して境界を明示します。ただし、道路（私道を含む。）部分と土地との境界については、境界標の設置を省略することができます。

　このように売主の**境界明示義務**は契約上の義務に過ぎないので、売主と買主が合意をすれば、これを定めないことも法的には問題ありません。

　もっとも、売主が境界について隣地と揉めていることを知りながら、それを説明しなかった場合、売主や仲介業者が損害賠償責任を問われる可能性があります。

2　筆界特定制度

（1）「筆界」と「所有権界」

　土地には2種類の「**境界**」があります。1つは、その土地が法務局に初めて登記された時にその土地の範囲を区画するものとして定められた「**筆界**」といわれる境界です。その後に、分筆や合筆の登記手続により変更されていないかぎり、登記された時の区画線がそのまま現在の筆界となります。筆界は、土地の所有者同士の合意によって変更することはできません。

　もう1つは、「**所有権界**」といって、土地の所有者の権利が及ぶ範囲を画する境界です。所有権界は土地の所有者間で自由に移動させることができます。筆界と所有権界は一致するのがふつうですが、土地の一部について他の人に譲り渡したが未登記であったり、他の人が時効によって所有権を取得したりした場合には、筆界と所有権界が一致しないこともあります。

　所有権界に争いがある場合は、裁判（所有権確定訴訟）で決着を付けることとなります。

「筆界」と「所有権界」

（2）筆界特定制度

ア　平成18年1月からスタートした制度

　隣地所有者との境界の争いの多くは、○○番地として法務局に登記された土地と△△番地として法務局に登記された土地の境界がどこかという争いです。つまり、筆界についての争いです。筆界の争いも従前は訴訟（筆界〔境界〕確定訴訟）で決着を付ける必要がありましたが、この筆界をめぐるトラブルの予防や早期解決に役立てるため、平成18年1月から「**筆界特定制度**」が始まりました。

　筆界特定制度は、不動産登記法の第123条以下に規定されています。

イ　筆界特定の方法

　筆界特定制度とは、土地の所有者の申請に基づいて、筆界特定登記官が、土地家屋調査士や弁護士などの民間の専門家から任命される筆界調査委員の意見を踏まえて、現地における土地の筆界の位置を特定する制度です。筆界特定とは、新たに筆界を決めることではなく、実地調査や測量を含む様々な調査を行ったうえで、過去に定められた、もともとの筆界を筆界特定登記官が明らかにすることです。

ウ　筆界特定制度のメリット

　筆界（境界）確定訴訟では数年かかることが多いのに対して、筆界特定制度では1年程度で解決することが多いようです。

　また、筆界特定制度は、裁判ではないため、弁護士に委任する必要はなく、弁護士費用が不要であるという点から、筆界（境界）確定訴訟と比べ経済的負担も軽く済みます。

関連する法律：民法（売買）555条以下、不動産登記法123条以下

2-4 融資証明書はどのように発行したらよいですか?

融資証明書の概要

> **Answer**
>
> 審査を通っていても、今後取引先の業況が悪化する可能性もあるので、融資証明書の発行は慎重な態度で臨むべきです。

・・・・・・・・・・・・・・・・ **経営者との対話** ・・・・・・・・・・・・・・・・

 先日、アパート建築資金の事前審査が通ったとご連絡いただきましたので、その旨を工務店に伝えたところ、融資証明書がないと工事を着工できないと言われました。発行してもらえませんか。

 それでは融資証明書を発行しましょう。ただし手数料が1万1,000円必要となります。

☑ 融資証明書

融資証明書とは、文字通り「この人に融資をします」という証明書で、銀行の審査に通って決裁が下りた後で作成されます。

この証明書は、銀行などから融資を受けて、主に家屋やビルなどを新規に建てたり、増改築したりする際などに必要になってくる書類です。工事業者への代金の支払いは後払いのケースが多いですが、工事業者としては、工事は完成したものの、発注者に融資が付かないと、代金を支払ってもらえないので、融資がおりることがはっきりしない間は工事にとりかかれません。この証明書があって初めて着工という段取りになります。

銀行としては、融資証明書を発行したにもかかわらず融資をしないと損害賠償責任を負う可能性もあるので、審査に通ったことが発行の条件となります。

知っておくと役立つ法律知識

1　融資証明書の法的性質

　銀行の融資義務は、取引先からの融資の申込みと、これに対する銀行の承諾によって発生します。

　一方、融資証明書は、銀行が取引先に対して融資をするという事実の証明を目的とした報告文書に過ぎません。したがって、融資証明書の発行によって直ちに融資義務を負うことはないと考えられます。

　しかし、融資証明書の記載内容や取引先とのやりとりの経緯によっては融資を承諾したものとされ、融資義務が発生する可能性もあります。

2　取引先の信用悪化

　融資証明書を発行した後、融資を実行するまでの間に取引先の信用が悪化する場合もあります。融資証明書により仮に融資義務が発生したとしても、銀行取引約定書の期限の利益喪失条項の趣旨を援用して、銀行に対する延滞があった場合や担保の目的物に差押又は競売開始があった場合は融資を拒絶できると解されます。もっとも、延滞や差押までには至らない業況悪化には、上記を理由とする融資拒絶はできません。

3　第三者への責任

　銀行としては融資証明書を発行する際に、それが第三者に提出され、第三者はそれを信用して銀行の取引先と取引をすることを当然に予想しています。そうすると、このような第三者の信頼は保護されるべきものです。そこで、融資証明書を当てにして取引先と取引をした第三者に対し、融資が実行されなかったことにより第三者が損害を被った場合は、銀行が不法行為（民法709条）に基づく損害賠償責任を負うこともありえます。

第2章　融資審査

関連する法律：民法（消費貸借）587条以下、民法（不法行為）709条以下

法律文書における接続詞

　法律文書において、接続詞は、以下のルールで使います。

（ア）「及び」と「並びに」
- and条件の接続詞としては、小さいものに「及び」、大きいものに「並びに」を使います。
　　例：ａ及びｂ並びにｃ及びｄ

- 階層が１段階しかない場合は、「及び」のみを使います。
　　例：ａ、ｂ及びｃ

（イ）「又は」と「若しくは」
- or条件の接続詞としては、大きいものに「又は」、小さいものに「若しくは」を使います。
　　例：ａ若しくはｂ又はｃ若しくはｄ

- 階層が１段階しかない場合は、「又は」のみを使います。
　　例：ａ、ｂ又はｃ

（ウ）「時」と「とき」と「場合」
　時点を表すときは「時」、条件を表すときは「とき」を使います
　２つ以上の条件がある場合、大きな条件に「場合」、小さな条件に「とき」を使います。
　すなわち「とき」は条件を表すので「場合」と同義ですが、条件が１階層しかないときは、「とき」を用います。

第**3**章

担保・保証

第三者が絡むトラブルに
巻き込まれないために
必要な法律知識

3-1 不動産を担保にとる場合、抵当権と根抵当権のどちらによるべきですか？

抵当権と根抵当権の違い

Answer

繰り返し融資をすることを想定している場合は根抵当権、そうでなければ抵当権を利用するのが良いでしょう。

・・・・・・・・・・・・・・・・・・・・ 経営者との対話 ・・・・・・・・・・・・・・・・・・・・

 　売上が伸びているので、運転資金として5,000万円を貸してください。工場に担保権を設定していただいて結構です。

 　運転資金なので手形貸付で検討します。手形期間は３ヶ月としますが、３ヶ月後には手形を書き換えて更改することになるかもしれないので、工場の土地と建物に根抵当権を設定させてください。

・・・

☑ 抵当権と根抵当権とどちらによるべきか

1　抵当権と根抵当権

不動産を担保にとる場合、銀行は**抵当権**又は**根抵当権**を設定します。

抵当権は、個々の融資債権（被担保債権）と結びついた権利です。

抵当権と根抵当権

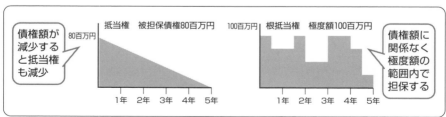

一方、根抵当権は、一定の範囲に属する、不特定の債権を「極度額の範囲内」で担保する権利です（民法398条の２）。

２　メリット・デメリット

　根抵当権は、極度額の範囲内ですべての貸出を担保するので、銀行からみれば、抵当権より根抵当権のほうが有利に思えます。

　しかし、以下の点に注意する必要があります。

（１）優先弁済権の範囲の違い

　抵当権は元本に最後２年分の利息・損害金を加えた額まで優先弁済されます。

　根抵当権は元本と利息・損害金を含めて極度額の範囲で担保されます。したがって、銀行としては利息・損害金を保全するため、貸出金額よりも極度額を大きい金額にする必要があります。一般に、貸出金額の２割増し程度の金額を極度額にすることが多いようです。登記に必要な登録免許税は、抵当権であれば被担保債権額、根抵当権であれば極度額の0.4％ですので、極度額を被担保債権の1.2倍にすれば、借入人が負担する登録免許税がその分高くなります。

（２）債権譲渡をした場合の扱い

　抵当権には随伴性（→70頁）があり、被担保債権を譲渡すると抵当権は移転します。

　根抵当権には随伴性がありません。そこで、被担保債権を譲渡する場合、予め後述の元本確定を行う必要があります。

（３）同意の得やすさ

　抵当権も根抵当権も設定するには、その不動産の所有者の同意が必要です。

　例えば、A銀行が8,000万円を融資をする場合を考えてみましょう。

　次頁の上図のように価値１億円の甲不動産に１億円の根抵当権を設定したとします。そうすると甲不動産を他の金融機関からの融資の担保にすることは難しくなります。

　一方、次ページの下図のように8,000万円の融資に際し、甲不動産に設定した

のが普通抵当であり、2年半後に約定返済が進んで元本が4,000万円になっていたとします。そうすると、甲不動産には6,000万円の担保余力があることとなり、甲不動産を担保に他の金融機関から借入をすることができます。

　したがって、借入人ないし不動産所有者からは抵当権のほうが同意を得やすいといえます。

　なお、借入人以外の人に担保を提供してもらうことはよくありますが、これを第三者担保提供といいます。会社への融資に対し、社長の自宅に抵当権を設定するケースなどです。

担保物件

3　繰り返し融資をするのであれば根抵当権

　結論として、当該銀行と当該顧客との間で、繰り返し融資をすることを、双方が期待するのであれば根抵当権、そうでなければ抵当権を設定するのが好ましいでしょう。

　短期の運転資金貸付（手形割引、手形貸付、当座貸越等）を被担保債権とする場合は、一般に根抵当権とします。

　長期運転資金を証書貸付で融資をする場合は、必ずしも繰り返し融資をするこ

とを想定するものではありませんが、約定返済後の折り返し資金を再度融資することも多いため、事案に応じて判断するのが良いでしょう。

　設備資金貸出が被担保債権の場合、抵当権とすることが多いですが、償却年数が短い機器の購入資金で数年後に買替資金の融資が想定される場合などは、根抵当権が好ましいと考えられます。

　アパートローンの場合、一般に抵当権を設定しますが、老朽化による修繕資金の貸出が予め見込まれる場合などには、根抵当権を設定することもあります。

 知っておくと役立つ法律知識

1　抵当権と根抵当権の比較

	抵当権	根抵当権
（1）　被担保債権の特定性	あり	なし
（2）　付従性	あり	なし
（3）　随伴性	あり	なし
（4）　優先弁済権の範囲	被担保債権の残存元本額に配当時から遡る2年分の利息・損害金を加えた額	利息・損害金を含めて極度額の範囲

（1）　被担保債権の特定性の有無

　抵当権は、被担保債権を特定しており、その債権が消滅すれば抵当権は消滅します。

　確定前の根抵当権は、一定の範囲に属する不特定の債権を「**極度額**」の範囲内で担保します（民法398条の2）。

　この「担保すべき債権の範囲」と「極度額」は登記事項です。

（2）　付従性

　抵当権は、被担保債権が成立しなければ抵当権も成立せず、また被担保債権が消滅すれば抵当権も消滅します。これを抵当権の付従性といいます。

確定前の根抵当権には付従性はありません。被担保債権が発生していなくも設定できますし、被担保債権が弁済等で消滅しても根抵当権は存続します。

（3）随伴性

抵当権は、被担保債権が譲渡されると、抵当権もこれに伴って移転します。これを抵当権の随伴性といいます。

確定前の根抵当権には随伴性はありません。個々の被担保債権が第三者に譲渡されても、根抵当権は移転しません（民法398条の7）。

（4）優先弁済権の範囲の違い

抵当権の優先弁済権の範囲は、被担保債権の残存元本額に配当時から遡る2年分の利息・損害金を加えた額です（民法375条）。

根抵当権の優先弁済権の範囲は、利息・損害金を含めて極度額の範囲です（民法398条の3）。

2　元本の確定

（1）元本確定の効果

根抵当権には**元本確定**という制度があります。元本が確定すると、確定時に存する元本及び利息・損害金のほか、確定後に発生する利息・損害金を極度額の範囲内で担保する根抵当権に変わります（民法398条の3　1項）。たとえ、極度額に余裕があっても、元本確定後に発生する元本は担保されなくなるのです。なお、根抵当権設定者は、その根抵当権の極度額を、現に存する債務の額と以後2年間に生ずべき利息・損害金を加えた額に減額することを請求することができます（民法398条の21）。

また、確定後の元本に付従性・随伴性が生じます。したがって、元本確定後は被担保債権を譲渡すると、根抵当権も移転します。

（2）元本確定事由

元本確定事由には、次頁の9つがあります。

元本確定事由

① **確定期日の到来（民法398条の6）**
- はじめから元本が確定する日を決めておき、その日が来たら元本が確定する
- 確定期日を定める場合は5年以内の日でなければならない
- 実務上は、元本確定期日は定めないのが通例

② **根抵当権者からの確定請求（民法398条の19 2項）**
- 確定期日の定めがない場合は、根抵当権者はいつでも根抵当権設定者に対して確定請求をでき、その請求の時に元本が確定する
- 銀行はいつでも元本の確定請求ができ、その登記も銀行単独で行うことができる
- 元本確定請求は、配達証明付きの内容証明郵便で行う。
- 銀行が債権回収会社（サービサー）に債権譲渡をする場合、確定前の根抵当権は随伴性がないため、この確定請求を事前に行う必要がある

③ **根抵当権設定者からの確定請求（民法398条の19 1項）**
- 確定期日の定めがない場合は、根抵当権設定者は、根抵当権の設定の時から3年を経過したときは、元本の確定を請求することができる。この場合、その請求の時から2週間を経過することによって確定する
- 根抵当権者からの確定請求の場合、請求の時に確定するが、設定者からの請求の場合、2週間を経過してから元本が確定する

④ **抵当不動産の競売・担保不動産収益執行等の手続きの開始（民法398条の20 1項）**
- 担保不動産収益執行とは、担保不動産を競売するのではなく、その収益（賃料が代表例）から担保権者が弁済を受ける制度

⑤ **根抵当権者が抵当不動産に対して滞納処分による差押えをしたとき（民法398条の20 2項）**
- 滞納処分とは、税金その他公金の強制徴収手続。すなわち、根抵当権者が国又は地方公共団体の場合の規定

⑥ **根抵当権者が抵当不動産に対する競売手続きの開始又は滞納処分による差押えがあったことを知った時から2週間が経過したとき（民法398条の20 3項）**

⑦ **債務者又は根抵当権設定者が破産手続開始の決定を受けたとき（民法398条の20 4項）**

⑧ **相続開始後6ヶ月以内に合意の登記をしない場合（民法398条の8）**
- 債務者の相続開始後6ヶ月以内に、根抵当権者と根抵当権設定者との合意により以後特定の相続人が相続の開始後に負担する債務を担保することを合意しなかった場合、相続開始の時に確定したものとみなされる

⑨ **会社の合併、分割時の確定請求（民法398条の9、同10）**

関連する法律：民法369条以下（抵当権）

動産を担保にする場合、どうすれば良いですか？

動産担保融資の概要

> ## Answer
> 一般に、譲渡担保とします。

・・・・・・・・・・・・・・・・ **経営者との対話** ・・・・・・・・・・・・・・・・

今度、宝石の輸入・販売を始めたいんだけど、仕入資金を貸してもらえませんか。

在庫となる宝石を譲渡担保とする前提で、審査部と協議します。

・・・

☑ 動産担保融資

　動産担保融資をABL（Asset Based Lending）ともいいます。一般的に、販売用在庫品や機械設備等の資産が担保として取り扱われます。

　動産を担保にすることのメリットは、不動産を所有していない企業でも、事業規模に応じた融資を受けやすくなることです。

　逆に動産を担保とすることの難しさやデメリットは、まず、担保となる動産の評価が難しく、専門的な外部機関に頼る必要があるため、評価する際に追加でコストと時間が発生することになります。また、融資後は担保となっている在庫の管理が必要になります。

☑ 動産担保の種類

　不動産には登記がありますが、動産にはありません。また、抵当権は不動産を担保とする制度で動産担保には使えません。そこで、動産担保には次のような方法をとります。

動産といっても様々な物がありますが、自動車のように登録制度がある動産の場合は、所有権留保により担保とします。

　多くの動産は、登録制度はありませんが、それを担保とするには、質権を設定する方法と譲渡担保とする方法がありますが、一般には譲渡担保を利用します。

　平成17年に、動産・債権譲渡特例法が施行され、譲渡担保の登記が可能となりました。

☑ 集合物担保

　動産は不動産と異なり、個々の価値は高くないことが多いです。また、在庫商品の場合、価値は常に取引により変動します。そこで、一定の在庫商品等を集合物として譲渡担保権を設定することがあります。例えば、特定の倉庫や店舗にあるすべての在庫商品を譲渡担保の対象とする方法です。これを集合動産譲渡担保といいます。

　しかし、集合物の譲渡担保については、目的物の範囲の特定方法に問題が残されており、銀行としては慎重に対応する必要があります。

☑ 前提知識 ― 引渡し

　法律上、「引渡し」には、次の種類があります。

（1）現実の引渡し（民法182条1項）

　物の所持を現実に移転する方法です。

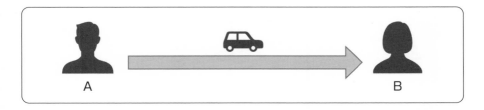

（２）簡易の引渡し（民法182条２項）

　譲受人又はその代理人が現に占有物を所持する場合には、占有権の譲渡は、当事者の意思表示のみによってすることができます。

（３）指図による引渡し（民法184条）

　目的物を間接占有していた本人が、占有代理人に対して、以後、第三者のためにその目的物を占有することを命じ、当該第三者がこれを承諾することによって成立する引渡しです。例えば、Ｃさんが、Ａさんのために占有していたところ、これを以後、Ｂさんのために占有するといった場合に利用されます。

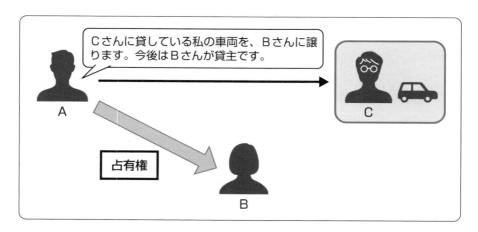

（４）占有改定（民法183条）

　ある目的物の直接占有者が、その占有を維持したまま、他者のために当該目的物を占有する意思を表示する方法によって成立する引渡しです。

　例えば、ある物を占有していたＡさんが、今後はＢさんのためにその物を占有

すると意思表示をすることによって、AさんからBさんに引き渡されたことになります。

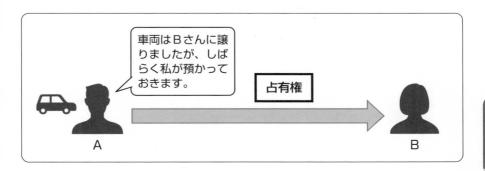

☑ 動産担保の各種形態

1　動産質

　動産質は民法起草者が想定した動産担保の方法ですが、目的物の引渡しが効力発生要件です（民法344条）。しかし、この引渡しには、占有改定は含まれないと解されています。

　つまり、動産質の場合、当事者の意思決定のみによって占有権が移転することはなく、現実に目的物の引渡しを受ける必要があります。

　銀行が現実に目的物（例えば在庫商品）の引渡しを受けることは非現実的ですから、銀行実務では動産に質権を設定することはありません。

2　譲渡担保

　譲渡担保とは、債務者（又は物上保証人）の所有する物を、債務者（又は物上保証人）が債権者に譲渡し、債務を全額弁済すると同時に債務者（又は物上保証人）が債権者からその物を買戻すという制度です。

　譲渡担保は、担保に入っている期間中は、債権者（担保としてその物の譲渡を受けた者）が、その物の利用を債務者（又は物上保証人）に認めるという点に特徴があります。

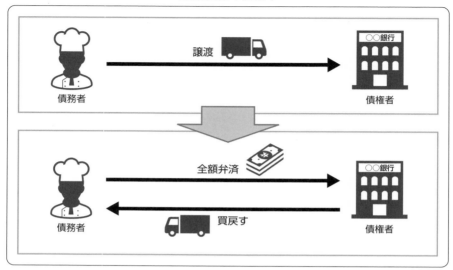

譲渡担保の仕組み

譲渡担保においては債務が弁済されないときは、債権者（担保としてその物の譲渡を受けた者）はその物を確定的に所有できることとなります。その場合、債務の金額を物の価額が超える場合には、債権者はその超過部分を債務者に返還する必要があり、この債権者の義務を清算義務といいます。清算義務は判例により確立したものです（最判昭和46年3月25日など）。

動産譲渡担保の場合、対抗要件は「引渡し」（民法178条）ですが、占有改定も含まれます。そのため、動産質と異なり、銀行が担保対象の物を現実に引渡しを受ける必要がないため、銀行が動産を担保にする場合に適しています。

しかし、占有改定では第三者に対する公示力がないため、二重譲渡等のリスクがあります。そこで、後述の動産・債権譲渡特例法が制定されました。

3 所有権留保

所有権留保とは、売主が売買代金を担保するため、代金が完済されるまで引渡しの終えた目的物の所有権を留保するものです。自動車など、登録制度のある動産で用いられます。

☑ 動産・債権譲渡特例法

　動産譲渡担保の設定者は、自己の機械設備・商品在庫などを使用しながら、これらを担保に融資を得ることができるようになります。反面、これは第三者から見れば、動産譲渡があったことが容易にはわかりません。

　そこで、設定者が倒産した場合に譲渡担保権（所有権）が認められなかったり、動産が二重に譲渡されていたり、真の所有者は誰か、優先するのは誰か、という争いが起こる可能性が少なくありません。

　そこで、民法の特例として**動産・債権譲渡特例法**が施行され、動産譲渡の「対抗要件」の方法につき「登記をする方法」が規定されました。動産・債権譲渡特例法によれば、動産譲渡登記ファイルに登記をすれば、民法第178条の引渡しがあったものとみなされ、第三者に対する対抗力が生じます（同法3条1項）。

　このように、動産・債権譲渡特例法による「動産譲渡登記」は、動産譲渡の対抗要件として民法の定める「引渡し」と同じ効果を得るものです。

　その最大のメリットは、対抗要件を具備したことの立証が容易になり、また譲渡後に現れる第三取得者の即時取得を遮断できる可能性があることです。

　ただし、動産・債権譲渡特例法の対象は**法人所有の動産のみ**です。

　登記が競合した場合の優先順位は、登記順であり、登記と引渡しが競合した場合の優先順位は、登記と引渡しの先後で決まります。

　ただし、後行の即時取得（善意取得）を排除できるわけではないという難点があります。即時取得とは、ある動産につき、取引行為により善意・無過失かつ平穏・公然に占有を始めた者が即時に所有権などの権利を取得できるという制度です（民法192条）。すなわち、同一の動産について、第三者が真正譲渡又は譲渡担保権の設定を受け、第三者が先に「現実の引渡し」を受けた場合、当該第三者が当該物に譲渡担保権が設定されていたことについて善意・無過失であれば、当該第三者がその物の所有権を取得し、銀行は譲渡担保権を喪失してしまう可能性があります。もっとも、金融機関や取引関係のある事業者に善意・無過失が認められるケースは少ないと思われます。

第3章
担保・保証

77

☑ 集合動産譲渡担保

集合動産譲渡担保とは、例えば、債務者A社の倉庫に定期的に一定量の動産が存在するなら、そのすべてに担保を設定するというものです。

この集合動産譲渡担保が設定されると、譲渡担保権設定者（本件でいうA社）は、担保権実行までは「通常の営業の範囲内」であれば、担保の目的となっている集合動産のうちの個々の動産を自由に処分することができますが、個々の動産を処分した場合にはそれに見合うだけの動産を補充しなければなりません。

そして、補充された個々の動産は、集合物に加わった時点で譲渡担保の対象となります。

集合動産譲渡担保を設定するためには、担保の目的動産を特定することが要件として求められ、譲渡担保権設定者の一般財産から区別するに足りる程度に特定される必要があります。

この点、判例は、「構成部分の変動する集合動産であっても、その種類、所在場所及び量的範囲を指定するなどの方法によって目的物の範囲が特定される場合には、一個の集合物として譲渡担保の目的とすることができる」としています（最判昭和62年11月10日）。

ただ、このような担保を設定する場合、それを公示する手段が不十分で、第三者対抗要件（民法178条）を具備したことを証明できないという問題点がありました。例えば、機械単体の譲渡担保であれば、ネームプレートにより公示することができます（明認方法といいます）。しかし、集合動産にネームプレートを付けることは事実上不可能です。

この点、前述の動産・債権譲渡特例法は集合動産譲渡担保にも対応できます。

関連する法律：民法178条（動産に関する物権の譲渡の対抗要件）、民法（占有権）180条以下、民法（質権）342条以下、動産・債権譲渡特例法

Column 所有権移転と対抗要件

民法176条は次のように規定しています。

（物権の設定及び移転）
第百七十六条　物権の設定及び移転は、当事者の意思表示のみによって、その
　　効力を生ずる。

この規定によれば、動産、不動産に限らず、お金を支払わなくても、また物を
引き渡さなくても、譲渡の意思表示をすれば所有権は移転してしまいます。そこ
で、二重譲渡が可能になってしまいます。

ここで対抗要件という概念が登場します。

（不動産に関する物権の変動の対抗要件）
第百七十七条　不動産に関する物権の得喪及び変更は、不動産登記法その他の
　　登記に関する法律の定めるところに従いその登記をしなければ、第三者に対
　　抗することができない。

（動産に関する物権の譲渡の対抗要件）
第百七十八条　動産に関する物権の譲渡は、その動産の引渡しがなければ、第
　　三者に対抗することができない。

いくら意思表示によって所有権を取得しても、不動産であれば登記、動産であ
れば引渡しがなければ、所有権を第三者に対抗できない（主張できない）のです。
上の例であれば、AさんとBさんとで先に登記（動産であれば引渡し）を得た方
が確定的に所有権を取得します。

なお、民法177条、178条は任意規定（→133頁参照）です。不動産売買におい
ては、代金支払時に所有権が移転することを契約書で規定するのが一般的です。

3-3 債権を担保にする場合、どうすれば良いですか？

債権質・債権譲渡担保の概要

Answer

債権に質権を設定するか、譲渡担保権を設定します。

.... 経営者との対話 ....

 大きな工事を受注したので、運転資金を貸して欲しい。

 工事代金債権を譲渡担保とする前提で、審査部と協議します。

☑ 債権質・債権譲渡担保と民法改正

　銀行の融資先が取引先に対して有する売掛金債権や工事代金債権（以下、「売掛金等」といいます。）は、当該取引先の信用力が高ければ、担保として価値があります。

　売掛金等を担保にとる場合、債権質又は債権譲渡担保の形式をとりますが、融資先と取引先との間の契約で、譲渡禁止特約が設定されていることが多く、従前は譲渡禁止特約が存在しないことを確認しないと担保にとれませんでした。

　しかし、令和2年4月施行の民法改正により、債権譲渡を禁止又は制限する意思表示をしても、債権譲渡は効力を妨げられないこととなりました。

　改正の目的は、資金調達（ファクタリング、債権譲渡担保、債権流動化証券等）を容易にすることです。なお、債権の譲渡を禁止し、又は制限する旨の意思表示が「譲渡制限の意思表示」と定義されました。すなわち、契約で債権譲渡を禁止したとしても、一定の制限の効果しか認められなくなりました。

☑ 債権質と債権譲渡担保

　債権質は、銀行が売掛金等に質権を設定するものです。民法では362条以下に、権利質に関する規定があります。民法364条は「債権を目的とする質権の設定（現に発生していない債権を目的とするものを含む。）は、第467条の規定に従い、第三債務者にその質権の設定を通知し、又は第三債務者がこれを承諾しなければ、これをもって第三債務者その他の第三者に対抗することができない。」と規定しています。すなわち、民法467条による通知が対抗要件です。

　債権譲渡担保は、担保のためにする債権譲渡であり、民法に規定はありませんが、現在において、質権以上に一般的な担保手段として広く認められています。債権譲渡の形式を利用するので、民法467条による通知が対抗要件です。

☑ 対抗要件の具備

　債権の質権設定や譲渡担保権の設定について**第三者対抗要件**を具備するには、民法では第三債務者（売掛金等債権であれば融資先の取引先）に対し、確定日付ある証書によって通知をしなければなりません（民法467条）。

　しかし、その通知をすると、取引先に当該売掛金等を担保に入れたことが知られてしまいます。場合によっては、取引先から融資先が資金繰りに窮しているのではないかと疑われてしまうかもしれません。

　そこで、平成17年に施行された、動産・債権譲渡特例法にて、債権譲渡登記ファイルに登記をすれば、民法467条の規定による確定日付のある証書による通知があったものとみなされることとなりました（動産・債権譲渡特例法4条1項）。そのため、債務者（融資先）の信用不安を招くことなく、担保設定の第三者対抗要件の具備が可能になりました。融資先の取引先（売掛先等）との関係での連絡は、譲渡担保の実行時にすれば足りるということになっています（動産・債権譲渡特例法4条2項）。

☑ 令和２年４月施行民法466条

令和２年４月施行の改正後の民法466条は次のように規定しています。

（債権の譲渡性）

第四百六十六条　債権は、譲り渡すことができる。ただし、その性質がこれを許さないときは、この限りでない。

2　当事者が債権の譲渡を禁止し、又は制限する旨の意思表示（以下「譲渡制限の意思表示」という。）をしたときであっても、債権の譲渡は、その効力を妨げられない。

3　前項に規定する場合には、譲渡制限の意思表示がされたことを知り、又は重大な過失によって知らなかった譲受人その他の第三者に対しては、債務者は、その債務の履行を拒むことができ、かつ、譲渡人に対する弁済その他の債務を消滅させる事由をもってその第三者に対抗することができる。

4　前項の規定は、債務者が債務を履行しない場合において、同項に規定する第三者が相当の期間を定めて譲渡人への履行の催告をし、その期間内に履行がないときは、その債務者については、適用しない。

すなわち、債権譲渡禁止を当事者間で約しても、債権譲渡は可能であるが（２項）、譲受人が譲渡制限特約の存在を知っていたとき（悪意）、又は重過失で知らなかった時は、債務者は当該譲受人に対する履行を拒むことができ（３項）、債務者が履行しない場合、譲受人は債務者に対し、相当の期間を定めて譲渡人への履行の催告をし、それでも履行されない場合は、債務者は譲受人に履行を拒めない（債務者は譲受人が譲渡制限特約に悪意であっても譲受人に支払わなければならない）（４項）とするものです。

これにより、銀行としては、債権譲渡禁止特約があっても、売掛金等を譲渡担保にとることができるようになりました。

債務者への履行請求

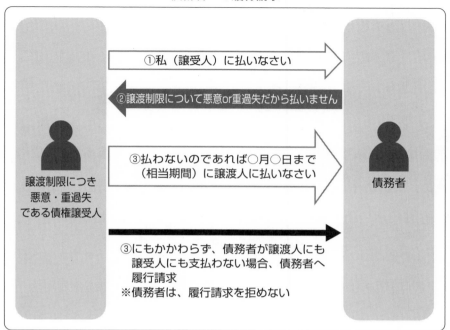

①私（譲受人）に払いなさい

②譲渡制限について悪意or重過失だから払いません

③払わないのであれば○月○日まで
（相当期間）に譲渡人に払いなさい

③にもかかわらず、債務者が譲渡人にも
譲受人にも支払わない場合、債務者へ
履行請求
※債務者は、履行請求を拒めない

譲渡制限につき
悪意・重過失
である債権譲受人

債務者

関連する法律：民法（質権）342条以下、民法466条（債権の譲渡性）、民法467条（債権譲渡の
　　　　　　対抗要件）、動産・債権譲渡特例法

3-4 株式を担保にする場合、どうすれば良いですか？

株式を担保にする場合の取扱い

> **Answer**
>
> 上場株式であれば、証券会社に振替申請を行います。非上場株式で株券が発行されている場合は株式の交付を受けます。株券不発行会社の場合は株主名簿に質権の記録をします。

・・・・・・・・・・・・・・・・・ **経営者との対話** ・・・・・・・・・・・・・・・・・

 Ａ社の株を担保にできますか？

 法的に担保にすることは可能ですが、Ａ社は上場していないのでＡ社株式は売却が難しく、評価ができないので事実上担保として意味をなさないと思います。

 では、Ｂ社の株ならどうですか。

 Ｂ社は上場しているので、Ｂ社株式であれば大丈夫です。質権を設定させていただき、それを証券会社に申請します。

・・

☑ 前提－株式の種類

1 上場株式と非上場株式

上場株式とは、証券取引所が開設する市場に上場している株式をいいます。市場取引が可能なので、評価・処分が容易です。

非上場株式とは、上場株式以外の株式をいいます。相対で取引するしかないため、評価・処分は困難で、担保としての適格性は劣ります。

上場株式については、振替制度による振替株式なので、株券はありません。

一方、非上場株式は、株券発行株式と株券不発行株式が存在します。従前は、株券発行が原則でしたが、平成17年に会社法が施行され、以後、株券不発行が原則です。

２　譲渡制限株式

　会社は、株式の譲渡について会社の承認を得ることを要することを定めることができます（会社法107条１項１号）。これを**株式の譲渡制限**といいます。これは、好ましくない者が株主となることを防止するための制度です。

　非上場株式の多くは譲渡制限株式です。

　譲渡制限は、定款で定めますが、登記事項です。

☑ 上場株式を担保にとる方法

　上場株式は、**株式等振替制度**による**振替株式**です。

　株式等振替制度とは、「社債、株式等の振替に関する法律」により、上場会社の株式等に係る株券等をすべて廃止し、株券等の存在を前提として行われてきた株主等の権利の管理（発生、移転及び消滅）を、証券保管振替機構及び証券会社等に開設された口座において電子的に行うものです。平成21年１月５日以降は、すべての上場株券が電子化され、振替制度を利用して管理されています。

　振替株式に担保権を設定する場合は、質権を設定する方法と譲渡担保権を設定する方法があります。いずれにおいても、振替制度の口座間の振替によるので、証券会社に振替申請を行います。

質権設定方法

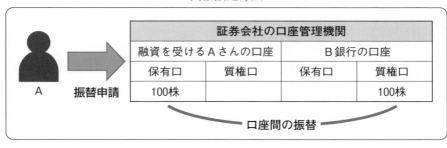

☑ 非上場株式を担保にとる方法

1 株券発行会社

株券発行会社の株式に担保権を設定する場合は、質権を設定する方法と譲渡担保権を設定する方法があります。いずれにおいても、株券の交付が必要です。

2 株券不発行会社

非上場会社で株券不発行会社の株式に担保権を設定する場合は、株主名簿への記録が必要です。

 知っておくべき法律知識

1 質と譲渡担保

株式を担保とする方法としては、**質権**を設定する方法と**譲渡担保権**を設定する方法があります。

質権の場合、流質契約が禁止されるので（民法349条）、担保権の実行の場面において、民法上は任意売却ができず競売手続によることとなりますが、商事債権を被担保債権とする場合の流質契約は有効です（商法515条）。したがって、銀行取引上は質権と譲渡担保権でほとんど差違はありません。

ただし、非営利法人の金融機関（信金、信組等）は留意が必要です。なぜなら、銀行の融資債権は商事債権ですが、非営利法人の債権は融資先が商人（商法4条）でない限り商事債権とはならないので、商法515条が適用されず、質権の場合、流質契約が禁止されるからです。

2 略式担保と登録担保

株式の担保には設定の態様により、「**略式**」と「**登録**」があります。

株券の発行がある場合、担保設定の合意と株券の交付により行われるのが略式質・略式譲渡担保であり、これに加えて、株主名簿への記録も行う方法が登録質・登録譲渡担保です。

振替株式の場合、保管振替制度では、発行会社に通知する株主を指定できるの

で、これを担保権設定者とするのが略式質・略式譲渡担保であり、これを担保権者とするのが登録質・登録譲渡担保です。質権の場合は略式質が原則であり、譲渡担保の場合は登録譲渡担保が原則です。

　振替株式以外の株券不発行株式は、株主名簿への記録が必要なので、略式担保はありません。登録譲渡担保は可能ですが、株主名簿上、担保権者が株主となり、担保権設定者の権利が明らかになりません。したがって、一般には登録質とします。登録質の場合は、株主名簿に担保債権者を質権者として登録しますが、株主は担保権設定者のままです。

3　譲渡制限株式の担保取得

　譲渡制限株式も質権を設定することはできます。また、譲渡制限株式を会社の承認なく譲渡した場合も、会社に対して効力を生じないだけで、売主・買主当事者間では有効なので（最判昭和48年6月15日）、株券が発行されていれば譲渡担保とすることも可能です。

　しかし、担保権を実行するために株式を処分する場合は、会社に対する承認請求が必要であり、この承認請求は譲渡人と譲受人が共同で行ないます（会社法137条2項）。したがって、担保取得時に、担保権設定者から会社に対する通知の委任状を得ておく等の措置を講じておく必要があります。

　そこで、非上場会社の株式を担保にとる場合は、必ず譲渡制限の有無を確認する必要があります。譲渡制限の有無は登記事項ですので、必ず株式発行会社の登記を確認する必要があります。なお、株券が発行されている場合は、譲渡制限がある場合はその旨の記載がありますが、変更があった場合、新株券に差し替えられていないこともありますので、やはり登記を確認すべきです。

関連する法律：民法（質権）342条以下、商法、会社法、社債、株式等の振替に関する法律

3-5 対抗要件を具備しないと どうなりますか？

効力要件と対抗要件

> **Answer**
>
> 対抗要件を具備していなくても、効力要件を具備していれば当事者間では有効です。しかし第三者に権利を主張できないので、二重譲渡、二重担保権設定のリスクがあります。

・・・・・・・・・・・・・・・・・・・・・ 経営者との対話 ・・・・・・・・・・・・・・・・・・・・・

 　A社に対する工事代金債権を譲渡担保として融資させていただけませんか。

 　A社に知れたら、今後A社から受注できなくなるので、それは困ります。

 　それでは、A社に対する通知の委任状を当行でお預かりさせていただき、万が一、当行へのご返済が滞ったら、当行が御社の代理人として民法467条に基づく債権譲渡の通知をA社に送るということではいかがでしょうか。

・・・

☑ 対抗要件を具備しない担保取得

　第三者対抗要件を具備していなくても、効力要件を具備していれば当事者間では有効です。担保取得についていえば、銀行と担保提供者との間では有効です。

　しかし、対抗要件を具備していないと、その権利を第三者に対抗できないので、二重譲渡、二重担保権設定のリスクがあります。

　しかし、対抗要件を具備すると、銀行から融資を受けていることが第三者に知れてしまうので、融資を受ける側はそれを嫌う場合があります。

　そこで銀行実務では、融資先の信用力、及び銀行との力関係により、担保を取得するものの、対抗要件の具備を一定の条件を満たすまで留保する場合がありま

す。これには二重担保権設定等のリスクはありますが、当事者間では有効なので、無担保よりは債権保全上好ましいといえます。

☑効力要件と対抗要件

効力要件とは、一定の法律効果を生じるために要求される事実のことで、これが備わっていないと、まったく法律効果が発生しません。

これに対し**対抗要件**とは、当事者間で効力が生じた権利関係を第三者に主張するための要件をいいます。

例えば、前頁の「経営者との対話」は工事代金債権の譲渡担保のケースです。債権譲渡は、当事者間の合意が効力要件です。一方、対抗要件は譲渡する債権の債務者への通知又はその承諾です（民法467条）。したがって、譲渡する債権の債務者（「経営者との対話」のＡ社）に通知をしないと、対抗要件が具備されません。他の銀行がＡ社に対し、当該工事代金債権を差押えたら、対抗要件を具備していないと負けてしまいます。

すなわち、第三者との関係では先に対抗要件を備えたほうが勝ちます。

代表的な担保における効力要件と対抗要件は次の表のとおりです。

担保における効力要件と対抗要件

	効力要件	対抗要件
（1）抵当権	当事者の合意 （抵当権設定契約）	登記 （民法177条）
（2）動産質	引渡し（占有改定を除く） （民法344条）	
（3）動産譲渡担保	当事者の合意 （譲渡担保権設定契約）	• 引渡し（占有改定を含む） （民法178条） • 動産・債権譲渡特例法による登記
（4）債権質・ 　　　債権譲渡担保	当事者の合意 （質権設定契約・ 　譲渡担保権設定契約）	• 民法467条に基づく第三債務者への通知 • 動産・債権譲渡特例法による登記

関連する法律：民法177条、民法178条、民法344条、民法467条、動産・債権譲渡特例法

代表取締役の保証は必要ですか？

経営者保証の目的と注意点

Answer

経営者保証に関するガイドラインに照らして判断する必要があります。

········ **経営者との対話** ········

 今度の融資、やはり私が保証人にならないとダメですか？

 御社におかれては代表取締役の個人保証がないと融資できません。
ただし、今後の経営改善によっては、将来、代表者の個人保証なし
で融資できるかもしれません。

☑ 経営者保証の目的と弊害

1　経営者保証の目的

　伝統的に中小企業向け融資では、必ず代表取締役に保証人になってもらっていました。その目的は、下記の2つです。

　①経営者の資産からも回収できるようにする
　②経営者責任を自覚してもらう

　①については、零細企業においては、会社にはほとんど資産はないが、オーナー兼代表取締役は裕福であるケースがよくありますが、そのような場合、会社からの返済が滞ったときに、オーナー兼代表取締役に私財で返済する義務を負わせることを目的とするものです。

　しかし、それ以上に代表取締役に保証人になってもらう目的としては②が重要

です。銀行としては、経営者に会社を倒産させないように最善の努力をしてもらう必要がありますが、経営者は、自己が保証することにより、会社を倒産させてはいけないとの自覚を強く持ちます。そのことに銀行は期待しているのです。

逆に、経営者保証がなければ、会社の業況が厳しければ、経営者は会社を自己破産させ、自分で出資して新たな別会社を作ることにより、自分はほとんど痛まないで、債権者たる銀行だけに損失を被せて、事業を継続することができます。

また、経営者保証がなければ、事業が苦しくても、経営者は高額の役員報酬を取り続けて最後に会社を倒産させてしまうかもしれませんが、銀行としては、それでは困ります。銀行としては、会社の経営が厳しければ、役員報酬を削減し、その分の資金を再建にあててくれなければ困りますが、経営者保証はそのインセンティブにもなります。さらに、経営者が会社の資産を外部に移転させたうえで（例えば、コンサル料名目で自己が経営する別の会社に資金を移転させ）倒産させる、いわゆる計画倒産を企てる危険もあります。

そこで、代表取締役を保証人とすることにより、会社を倒産させた場合、代表取締役も私財を失うようにすることにより、代表取締役に最善の努力を促し、かつ計画倒産をできないようにすることが重要です。

2　経営者保証の弊害

一方、代表取締役が会社の銀行借入を保証するとすれば、会社が倒産した場合、代表取締役は自宅を含めたすべての資産を失い、場合によっては破産せざるを得ない状況になりかねません。

そうなることを懸念し、代表取締役に成りたがらない人が多くいます。これが中小企業の事業承継の大きなハードルとなっています。

☑ 保証

保証とは、債務者が債務を履行しない場合に、他人（保証人）が債務者（主債務者）に代わってその債務を履行することを約することをいいます。民法の446条以下に規定があります。

保証契約は、保証人と債権者の二者間の契約で成立します。主債務者は保証契約の当事者ではありません。しかし一般には、主債務者に頼まれて保証すること

が多いと思います。例えば、子供がお金を借りるときに親が頼まれて保証人となる等です。この保証を頼む契約を**保証委託契約**といいます。

保証委託契約

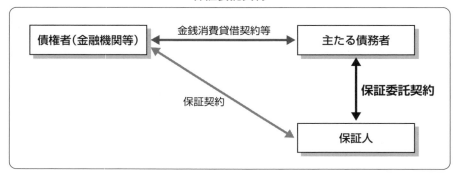

　保証契約は、書面で締結しないと効力が生じません（民法446条2項）。

　保証には、付従性、補充性、随伴性があります。

　付従性とは、主債務が初めから存在しないときは、保証債務も存在しないことをいいます。

　補充性とは、主たる債務者がその債務を履行しないときに初めてその債務を履行する責任を負うことをいいます。

　随伴性とは、主たる債務が譲渡されるなどして債権者が変更となる場合、保証債務の債権者も共に変更になることをいいます。

☑ 経営者保証に関するガイドライン

1　経営者保証に関するガイドラインとは

　経営者保証に関するガイドライン（以下、経営者保証ガイドライン）とは、日本商工会議所と一般社団法人全国銀行協会を事務局とする「経営者保証に関するガイドライン研究会」から公表され、平成26年2月1日から適用開始されたガイドラインです。あくまでガイドラインであり、法令ではありませんので、銀行がこれを遵守する法的義務を負うわけではありません。

　しかしながら、金融庁のＨＰにも「本ガイドラインの周知・広報に努めるとと

もに、銀行に対して積極的な活用を促すことにより、本ガイドラインが融資慣行として浸透・定着していくよう努めてまいります。」と記載されており、銀行は当ガイドラインを意識していかざるを得ません。

　当ガイドラインは、大きく分けて、①保証契約締結時の対応、②既存の保証契約の適切な見直し（事業承継時を含む）、③保証債務履行時の対応の３つから成り立っていますが、①と②は局面が違うだけで、考え方は同様です。

　これにより、Ⓐ法人と経営者との関係の明確な区分・分離、Ⓑ財務基盤の強化、Ⓒ財務状況の正確な把握と適時適切な情報開示等による経営の透明性確保、という条件を満たしている場合、代表者の保証を付けずに、あるいは保証金額を限定したうえで、中小企業が融資を受けることができる可能性が高まることが期待されています。しかし、中小企業が上記ⒶⒷⒸを実現し、かつ、それを銀行にアピールすることは容易ではありません。

第3章

担保・保証

2　事業承継時の対応

　経営者保証ガイドラインでは、「対象債権者は、前経営者から保証契約の解除を求められた場合には、前経営者が引き続き実質的な経営権・支配権を有しているか否か、当該保証契約以外の手段による既存債権の保全の状況、法人の資産・収益力による借入返済能力等を勘案しつつ、保証契約の解除について適切に判断することとする。」となっています。すなわち、①前経営者が引き続き実質的な経営権・支配権を有しているか否か、②当該保証契約以外の手段による既存債権の保全の状況、法人の資産、収益力による借入返済能力、が重要な考慮要素となります。

3　保証債務整理時の対応

　会社が融資を返済できなくなった場合の経営者保証人の責任については221頁を参照ください。

関連する法律：民法（保証債務）446条以下

3-7 代表取締役以外の人を 保証人とすることもできますか？

保証人の対象

Answer

代表取締役以外の人を融資の保証人とすることもできますが、保証人が取締役でもオーナーでもない場合は公正証書の作成が必要です。

・・・・・・・・・・・・・・・・・・ **経営者との対話** ・・・・・・・・・・・・・・・・・・

 会社にも私にも担保提供するような資産はないので、代わりに私の父親に保証人となってもらうことは可能ですか。

 可能ですが、お父様が貴社の取締役でもオーナーでもない場合は公正証書の作成が必要になります。

・・・

☑ 令和2年4月施行の民法改正による公正証書の作成

　保証契約は個人的情義等に基づいて行われることが多く、また保証人の中には、保証契約のリスクを十分に自覚せず、安易に保証契約をしてしまう者も多いようです。一方で、事業のために負担した貸金等については、その保証債務の金額が多額になりがちであり、保証人の生活が破綻する例も相当数存在するといわれています。そこで、令和2年4月施行の民法改正において民法465条の6以下に「事業に係る債務についての保証契約の特則」に関する規定が設けられました。

　これにより、事業資金の融資について、役員やオーナー等の経営者以外の者が保証人となる場合は、保証契約の締結に先立ち、**公正証書を作成**しないと保証契約が無効となることとなりました。

　ここで注意する必要があるのは、この特則の対象は、主たる債務が事業性の融資であることです。したがって、住宅ローンには、この民法465条の6以下の「事業に係る債務についての保証契約の特則」に関する規定は適用されませんが、アパートローンには適用されます。

「事業に係る債務についての保証契約の特則」の概要は次のとおりです。

＜個人保証の制限の対象＞（民法465条の6　1項、3項）

- 個人が保証人となる事業のために負担した貸金等債務を主たる債務とする保証契約。

  　なお、貸金等債務とは、主たる債務の範囲に金銭の貸渡し又は手形の割引を受けることによって負担する債務と定義されています。

- 個人が保証人となる主たる債務の範囲に事業のために負担する貸金等債務が含まれる根保証契約

＜規制方法＞（民法465条の6　1項、2項）

　保証人となろうとする者が、その保証契約の締結に先立ち、その締結の日前一箇月以内に、一定の事項[注]を公証人に口授し、公正証書を作成しなければなりません。

> （注）主たる債務の債権者及び債務者、元本、利息、違約金、損害賠償その他従たる債務の全て、保証人になろうとする者の履行意思を有していること。根保証契約の場合は、主たる債務の債権者及び債務者、主たる債務の範囲、根保証契約における極度額、元本確定期日の定めの有無及びその内容、主たる債務者がその債務を履行しないときには、極度額の限度において履行する意思を有していること。

＜例外＞（民法465条の9）

- 主たる債務者が法人その他の団体である場合のその理事、取締役、執行役[注]又はこれらに準ずる者（＝経営者）

> （注）委員会設置会社の執行役であり、いわゆる執行役員のことではありません。

- 主たる債務者が法人その他の団体である場合の過半数の議決権を有する株主等（＝オーナー）

- 主たる債務者の総株主の議決権の過半数を、他の株式会社及び当該他の株式会社の総株主の議決権の過半数を有する者が有する場合における、当該他の株式会社の総株主の議決権の過半数を有する者（＝親会社のオーナー）

- 主たる債務者が個人事業主である場合の、共同事業者、当該事業に現に従事している主たる債務者の配偶者。個人事業主が融資対象でその配偶者を保証人とする場合は、当該配偶者が当該個人事業主の当該事業に現に従事していることが例外規定の要件です。

関連する法律：民法465条の6以下

連帯保証は単なる保証と何が違いますか？

連帯保証の概要

> **Answer**
>
> 単なる保証の場合は、債権者から保証人に履行請求されたときに、まず、主たる債務者に請求するように求めることができ（催告の抗弁権）、また、まずは主たる債務者の財産に執行するように求めることができますが（検索の抗弁権）、連帯保証にはこれらの権利がありません。

―――――――――― 経営者との対話 ――――――――――

 私の保証は、何で単純な保証でなく、連帯保証なんでしょうか。

 返済が滞ったとき、単純な保証だと、まずは主債務者である会社に請求しないといけませんが、連帯保証だと会社への請求と同時に、又は会社への請求を飛ばして保証人に請求できるからです。

☑ 銀行実務では保証人を徴求する場合は必ず連帯保証

銀行実務において、保証人を徴求する場合は、単純な保証ではなく連帯保証とします。単純な保証だと、主債務者に請求してからでないと保証人に請求できないので、主債務者に請求している間に保証人が財産を散逸させてしまうリスクがあるからです。

☑ 連帯保証とは

連帯保証とは、保証のうち、催告の抗弁権と検索の抗弁権がないものをいいます（民法454条）。

催告の抗弁権とは、債権者から保証人に履行請求されたときに、まず、主たる債務者に請求するように求めることができる権利です（民法452条）。

検索の抗弁権とは、保証人が主たる債務者に弁済をする資力があり、かつ、執行が容易であることを証明したときは、まずは主たる債務者の財産に執行するように求めることができる権利です（民法453条）。

催告の抗弁権と検索の抗弁権

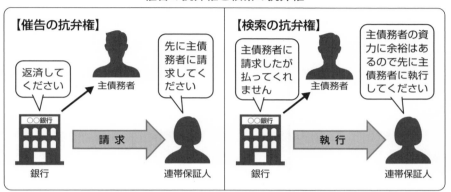

　すなわち、連帯保証においては補充性がなく、債権者はいきなり連帯保証人に請求できます。

　さらに、連帯保証の場合は、分別の利益がありません。分別の利益とは、数人の保証人がある場合、主たる債務の額を平等の割合で分割した額についてのみ保証債務を負担するとの原則のことをいいます。連帯保証の場合は、この分別の利益がないので、保証人が数人いても、各保証人は主債務者の保証債務全額について責任を負います。

連帯保証人が数人いる場合

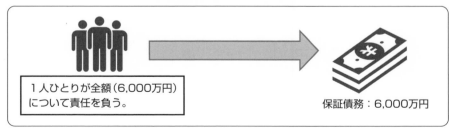

☑ 共同保証と求償

　連帯保証と似て非なる概念として**共同保証**があります。

　共同保証とは、同一の主たる債務について、複数人の保証人がある場合をいい、下記3つの場合があります。

①数人の保証人が普通の保証人である場合（狭義の共同保証）
②普通の保証人であるがこれらの者の間に全額弁済の特約がある場合（保証連帯）
③連帯保証人が複数人である場合

　では、保証人が本人（主たる債務者）に代わって弁済をした場合、保証人はどうすることができるでしょうか。①狭義の共同保証の場合は、そもそも自己の負担分を超えて支払う義務はありませんが、仮に全額支払った場合でも、自己の負担部分を超えて支払った額は、他の保証人に求償することができます。②保証連帯、③連帯保証の場合は、自己の負担額にかかわらず債権者との関係では全額弁済する義務がありますが、自己の負担超過部分については、他の保証人に求償することができます。

共同保証と求償

関連する法律：民法（保証債務）446条以下

日本の民法は、明治29年に公布されたものです。

その後の経緯は以下のとおりです。

明治31年	民法施行
昭和22年	親族編・相続編が大改正
平成16年	現代語化
平成29年	債権法改正が国会を通り公布
令和2年	平成29年に公布された法律が施行

　平成29年に債権法改正が国会を通った頃、マスコミでは「120年ぶりの大改正！」と報道されていました。

　改正内容のうち、ビジネスに大きな影響があるのは、以下の6点です。

1	債権の時効は原則5年に	時効期間をシンプル化
2	法定利率を変動制に	改正前の5％（商事は6％）を、改正法施行時は3％に
3	保証人の保護を強化	安易な保証で、後で泣かないようにする
4	定型約款ルールを新設	みなし合意の制度を新設
5	「瑕疵」から「契約不適合」	概念を解りやすく、責任を追及しやすく
6	債権譲渡の自由化	「譲渡禁止特約」付きでも譲渡可能とすることにより債権を活用した金融の円滑化をはかる

　上記以外にも、法律家の間で議論のあった細かなルールの改正が多々ありました。

　政府答弁によれば、社会経済情勢の変化に鑑みた必要な改正とのことです。

3-9 保証人になると どのような責任が生じますか？

保証人の責任の範囲

> **Answer**
>
> 融資契約の保証人は、主たる債務者がその返済を滞らせた場合は、その融資債務を返済する責任を負います。

・・・・・・・・・・・・・・・・・・ **経営者との対話** ・・・・・・・・・・・・・・・・・・

 　私が保証人になった場合、会社が返済を滞らせると、私の自宅は競売にかけられてしまうのでしょうか。

 　ご自宅に抵当権を設定しなければ、当行がすぐにご自宅を競売にかけることはできません。当行としては保証人である社長に対し訴訟を起こし、その判決を得てからでないと、社長のご自宅を競売にかけることはできません。しかし、訴訟提起前であっても、裁判所に仮差押えの申立てをし、裁判所の決定で仮差押えをすることはできます。その場合、社長は事実上、ご自宅を売却できなくなります。

・・・

☑ 保証人の責任の範囲

　保証人は、主たる債務者がその債務を履行しないときに、その履行をする責任を負います（民法446条1項）。

　保証債務の範囲は、主たる債務に関する利息、違約金、損害賠償その他その債務に従たるすべてのものを包含します（民法447条1項）。

　主たる債務の目的又は態様が保証契約の締結後に加重されたときであっても、保証人の負担は加重されません（民法448条2項）。

　もっとも、融資契約において保証人が責任を負うのは弁済期が過ぎているもののみです。したがって、銀行が期限の利益を喪失（→226頁）するまでは、毎月の約定返済額の範囲においてしか責任を負いません。しかし、延滞回数が一定以

上となり、銀行が期限の利益を喪失した場合は、元本全額、未払利息及び遅延損害金の全額について責任を負うこととなります。

☑ 強制執行等との関係

　主債務者が融資の返済を滞らせた場合、銀行はいきなり保証人の財産に強制執行をすることはできません。差押え等の強制執行をするためには、**債務名義**が必要です。債務名義とは、強制執行によって実現されることが予定される請求権の存在、範囲、債権者を表示した公の文書のことをいい、確定判決、裁判所の和解調書が代表的なものです（→199頁）。すなわち、債務名義を取得するためには原則、裁判を提起しなければなりません。なお、銀行は不動産に抵当権を設定していれば、抵当権に基づいて差押えをすることができます。差押えについて、詳しくは194頁を参照ください。

　しかし、主債務者が融資の返済を滞らせた場合、銀行は保証人に対し裁判を提起する前に又は裁判中に、保証人の財産に対し**仮差押え**をすることはできます。仮差押えは、訴訟を起こして判決が出ていない段階でも、債務者の財産の処分を禁止する手続きです。債務名義を取得するには、原則裁判を経る必要があり、これには時間がかかります。その間に債務者が財産を散逸してしまう恐れがあります。それを防止するのが仮差押えです。仮差押命令の対象となった財産の処分が法律上禁止されるわけではありませんが、その後、債権者が債務名義を得て仮差押えが本差押えに移行した場合、仮差押え後の権利変動が仮差押債権者に対抗できないので、事実上、対象財産の処分ができなくなります。

　仮差押命令は、債権者の申立てにより債権者の審尋を経て裁判所が決定で行ないます。仮差押命令の申立てにあたっては、債権者は、被保全債権及び保全の必要性を疎明する必要があります。仮差押えについて詳細は200頁を参照ください。

関連する法律：民法（保証債務）446条以下

根保証とは何ですか？

根保証契約の必要性

Answer

根保証とは、継続的取引等に基づく不特定債務のための保証をいいます。

・・・・・・・・・・・・・ **経営者との対話** ・・・・・・・・・・・・・

 手形割引をお願いしたいんだけど、審査大丈夫かな。

 社長が根保証をしてくれれば審査は通ると思います。

・・・

☑ 融資業務における根保証契約の必要性

　根保証とは、継続的取引等に基づく不特定債務のための保証をいいます。根抵当権の保証版と考えれば理解しやすいと思います。

　証書貸付では、証書に保証人にも署名してもらえば良いので、根保証を必要としません。むしろ、根保証は避けるべきです。

　しかし、手形割引、手形貸付、当座貸越は証書が存在しないうえに、主債務である融資債務も手形の期日到来、書替等により頻繁に保証対象の主債務が変わりますがその度に保証契約を巻き直すのも大変です。そこで、これらの貸出に関し、経営者等を保証人とする場合は、根保証を活用します。

⚖ 知っておくべき法律知識

1　個人貸金等根保証契約

　平成16年の民法改正までは、民法に根保証契約に関する規定がありませんでした。しかし、実務の世界では、一定の範囲に属する不特定の債務を主たる債務と

する保証契約が行われ、その内容の不明確さや、根保証人の責任が過大になりがちであることから問題が指摘されていました。そのため、平成16年の民法改正時に「貸金等根保証契約」に関する規定が定められました（民法465条の２以下）。

　これにより、保証人が個人であり、その債務の範囲に金銭の貸渡し又は手形の割引を受けることによって負担する債務（貸金等債務）が含まれるものについては、①極度額を定めなければ効力は生じず、また②元本確定期日を根保証契約締結の日から５年以内としなければならなくなりました。なお、元本確定期日の定めがない場合には、その元本確定期日は、その個人貸金等根保証契約の締結の日から３年を経過する日となります。

　根保証は、一定の期間に継続的に発生する、不特定の債務を担保する保証ですから、どこかの時点で保証の対象を特定し、債務の範囲を特定する必要があります。これを元本確定といいます。

2　普通解約権

　期限の定めのない根保証契約（現在は貸金等債務については保証人が法人の場合のみ）でも、根保証契約の成立後相当期間が経過すれば、根保証人は解約権（いわゆる普通解約権）を有するとされています（大判昭７年12月17日、民集11巻22号2334頁）。

3　特別解約権

　保証人保護の観点から、判例（最判昭和39年12月18日、民集18巻10号2179頁）では、根保証契約の締結後に主たる債務者の資産状態が急激に悪化するなど、根保証契約締結時には予想できなかった著しい事情変更が生じた場合には、保証人は、信義則等を理由として、将来に向かって根保証契約を解消する解約権（いわゆる特別解約権）を有するとされています。

関連する法律：民法（保証債務）446条以下

3-11 契約書の署名を確認すれば、保証人の意思確認はとれたとみなして良いですか？

保証否認を防ぐ意思確認

Answer

保証意思の確認は、署名・押印済みの契約書を確認しただけでは不十分です。保証契約の締結にあたっては、保証人の面前で、保証内容を説明したうえで、保証意思を確認すべきです。

・・・・・・・・・・・住宅ローン申込者との対話・・・・・・・・・・・

 奥様に連帯保証していただくことがお借入の条件となります。

 妻に契約書に署名させて、実印を押印して、印鑑証明書を持ってくれば良いですか。

 奥様の面前で保証意思確認をしないといけないので、契約の際は、奥様にもご来店をお願いいたします。

・・・・・・・・・・・・・・・・・・・・・・・・・・・・・・・・・・・・・・・

☑ 保証否認

保証契約について、後日、銀行が保証人に対して請求したときに、保証人が「保証した覚えがない」と主張し、紛争となるケースがしばしば発生していました。なお、このように、保証人の意思に基づく契約でないと保証人が主張することを**保証否認**といいます。

特に親族が保証人の場合、主債務者が勝手に保証人の実印や印鑑カードを持ち出して、あたかも保証人本人が自らの意思で契約書に押印をしたかの如き形式を整えることが散見されます。

また、本人が契約書に署名・押印をしても、説明不足の場合、将来保証人へ支払いを求めたとき、錯誤による取消を主張される可能性もあります（→140頁）。

そこで、このようなトラブルを避けるため、銀行側は必ず保証人本人と面談を

し、保証責任について十分に説明したうえで、保証人本人から契約書に自署・押印を受けることを徹底すべきです。

なお、令和2年4月施行の民法改正により、事業用資金の融資について、取締役やオーナー以外の者が保証人となる場合、公正証書の作成が必要ですので留意してください（→94頁）。

さらに、保証意思確認の状況を具体的に「いつ、どこで、誰が、どのようにして」行ったのか、証跡を記録化しておくことが望まれます（→139頁）。

☑ 保証否認の態様

保証否認は、主債務者が本人の実印・印鑑証明書を盗用したケースと、保証人が別の目的で主債務者に実印・印鑑証明書を預けたところ、主債務者がそれを利用して悪用したケースがあります。

1　盗用のケース

盗用であれば、保証契約は無効であり、形式上の保証人が責任を負うことはありません。

しかし、判例では「私文書の作成名義人の印影が当該名義人の印章によって顕出された事実が確定された場合には、反証がない限り、当該印影は本人の意思に基づいて押印されたものと事実上推定できる」（最判昭39年5月12日）とされているので、実印が押印されている以上、盗用であることを形式上の保証人から立証するのは、ハードルが高い面もあります。

2　悪用のケース

悪用のケースは民法110条の表見代理が成立するかが問題となります。民法110条は、代理人がその権限外の行為をした場合において、第三者が代理人の権限があると信ずべき正当な理由があるときは、本人が責任を負う旨を規定しています。

この点、銀行が融資において払うべき注意義務は、当然、一般に比べて重くなるべきと考えられるため、表見代理を認めない判決が多数みられます。

ただし、悪用あることを形式上の保証人から立証するのは、ハードルが高い面もあることは盗用のケースと同様です。

関連する法律：民法（保証債務）446条以下、民法110条

民法、商法、会社法の関係

1　商法と会社法

　六法とは、日本の法律の中で特に重要とされている、「憲法」「民法」「刑法」「商法」「民事訴訟法」「刑事訴訟法」を指しています。

　しかし、本書で「商法」という言葉は、少ししか出てきません。一方、「会社法」という言葉はよくでてきます。

　実は、「会社法」は平成17年に、商法から独立してできた法律です。

　それ以前の商法の第52条から第499条（第500条は平成9年に削除）は、「第二編会社」として規定されていました。それを平成17年（施行は平成18年）に一新する際に、「会社法」として独立させたのです。

　そのため、現在の商法は、31条の次が501条と大きく条数が飛んでいます。

　このような経緯があるため、商法と会社法は、兄弟と考えて良いでしょう。

2　特別法と一般法

　民法と商法・会社法の関係は、一般法と特別法の関係です。

　一般法とは、ある事項全般について、一般的に適用される法律のことをいい、特別法とは、ある特定の事項について、一般法よりも優先して適用される法律をいいます。原則と例外の関係と考えれば理解しやすいかもしれません。

　私法においては、民法が一般法中の一般法です。それに対し、商法は商人による取引に適用される特別法です。借地借家法は不動産の賃貸借において、民法の賃貸借の規定より優先して適用される特別法です。

　ただし、特別法に規定がない場合は、一般法が適用されます。例えば、商法には「売買」というタイトルのもと、524条から528条が規定されています。しかし、この5条で規定される事項はわずかです。商人の売買において、そのほとんどは民法により規律されています。

第**4**章

契 約

顧客からの信用を失わないために
必要な法律知識

銀行取引約定書とは何ですか？

銀行取引約定書の概要

> **Answer**
>
> 銀行取引約定書には、継続的な取引先との融資等の与信取引に関する基本的な条項が定められており、与信取引における基本契約書です。

···················· **経営者との対話** ····················

 それでは、この銀行取引約定書にも押印をお願いします。

 銀行取引約定書って何ですか？

 銀行とお客様との間の与信取引に関する、基本的な条項が定められた契約書です。よく読んで、内容を理解したうえで押印をお願いします。

☑ 銀行取引約定書でルールを定める目的

　民法・商法等の法律では、実務上の細かい点まですべて網羅しているわけではないので、特約として与信取引に関するルールを**銀行取引約定書**で定めることにより、銀行の債権保全を強化しています。

　銀行取引約定書で定めているルールは、個々の金銭消費貸借契約書で定めても構いませんが、与信取引において共通するルールを基本契約書である銀行取引約定書に定めることにより、取引ごとに繰り返し交わす金銭消費貸借契約書を簡略化できます。

☑ 銀行取引約定書の構成

　平成12年4月までは、全国銀行協会が銀行取引約定書のひな型を公表していま

した。公正取引委員会からの「銀行間の横並びを助長する恐れがある」との指摘により、同ひな型は廃止されましたが、旧ひな型を構成していた条文のタイトルは次のとおりです。

1条：適用範囲	8条：手形の呈示、交付
2条：手形と借入金債務	9条：充当の指定
3条：利息、損害金等	10条：危険負担、免責条項等
4条：担保	11条：届出事項の変更
5条：期限の利益の喪失	12条：報告及び調査
6条：割引手形の買戻し	13条：適用店舗
7条：差引計算	14条：合意管轄

　銀行取引約定書には、手形割引、手形貸付についての固有の条項が含まれています。このため、手形割引、手形貸付の場合には、それぞれ個別の約定書を交わす必要はありません。

　一方、銀行取引約定書には証書貸付、当座貸越、支払承諾、外国為替等の取引に固有の条項は規定されていません。これらの取引を開始するときは、個別の約定書（契約書）を交わすことにより、銀行取引約定書を補完する必要があります。

　なお、証書貸付において、金銭消費貸借契約書等の個別の約定書（契約書）の規定と、銀行取引約定書の規定が相反する場合は、個別の約定書（契約書）の規定が優先されます。

☑ 銀行取引約定書を締結しない与信取引

　一般に、住宅ローンや消費者向けのカードローンでは、銀行取引約定書を締結しません。また、アパートローンでも銀行取引約定書を締結しないことが多いようです。

　これらの取引は1回限りで、反復継続的な与信取引を前提とする銀行取引約定書を使用する実益が乏しいこと、一般の消費者（個人）を相手とする場合は、よりわかりやすい表現にするのが妥当であること等がその理由です。

関連する法律：民法

4-2 どうして金銭消費貸借契約書には 収入印紙を貼る必要があるのですか？

収入印紙と印紙税

Answer

印紙税が発生する書類は、印紙税法の別表第1の課税物件表に記載されています。これは、別表1の1号で「消費貸借に関する契約書」が規定されているからです。

・・・・・・・・・・・・・ **経営者との対話** ・・・・・・・・・・・・・

 今回の1億円の融資審査が下りましたので、○月○日に金銭消費貸借契約書に調印いただきます。その際に6万円の収入印紙を買って持ってきてください。

 前回5千万円借りた時は、印紙は2万円でした。どうして今回は6万円なんですか。

 印紙税法の別表第1には、金銭消費貸借契約書の印紙は、契約金額が1千万円を超え5千万円以下の場合は2万円、5千万円を超え、1億円以下の場合は6万円と規定されています。

☑ 印紙税とは

　印紙税とは、お金をやり取りする際に作成する領収書や契約書といった文書に対して発生する税金です。印紙税が発生する書類は、印紙税法の別表第1の**課税物件表**に記載されています。

　この課税物件表に掲載がない文書については、印紙税は発生しません。

　銀行取引に関係のある課税物件と印紙税額は次のとおりです。

課税物件表

番号	文書の種類	印紙税額		主な非課税文書
1	消費貸借に関する契約書	記載された契約金額	印紙税額	
		10万円以下のもの	200円	
		10万円を超え　50万円以下	400円	
		50万円を超え　100万円以下	1千円	
		100万円を超え　500万円以下	2千円	
		500万円を超え1千万円以下	1万円	
		1千万円を超え5千万円以下	2万円	
		5千万円を超え　1億円以下	6万円	
		1億円を超え　5億円以下	10万円	
		5億円を超え　10億円以下	20万円	
		10億円を超え　50億円以下	40万円	
		50億円を超えるもの	60万円	
		契約金額の記載のないもの	200円	
3	約束手形、為替手形	記載された手形金額	印紙税額	1　記載された手形金額が10万円未満のもの 2　手形金額の記載のないもの 3　手形の複本又は謄本
		10万円以上　　100万円以下	200円	
		100万円を超え　200万円以下	400円	
		200万円を超え　300万円以下	600円	
		300万円を超え　500万円以下	1千円	
		500万円を超え1千万円以下	2千円	
		1千万円を超え2千万円以下	4千円	
		2千万円を超え3千万円以下	6千円	
		3千万円を超え5千万円以下	1万円	
		5千万円を超え　1億円以下	2万円	
		1億円を超え　2億円以下	4万円	
		2億円を超え　3億円以下	6万円	
		3億円を超え　5億円以下	10万円	
		5億円を超え　10億円以下	15万円	
		10億円を超えるもの	20万円	

番号	文書の種類	印紙税額		主な非課税文書
8	預金証書、貯金証書	200円		信用金庫その他特定の金融機関の作成するもので記載された預入額が1万円未満のもの
13	債務の保証に関する契約書	200円 （注）主たる債務の契約書に併記するものは除きます		身元保証ニ関スル法律に定める身元保証に関する契約書
14	金銭又は有価証券の寄託に関する契約書	200円		
17	売上代金に係る金銭又は有価証券の受取書 （例）手数料の領収書	記載された受取金額	印紙税額	次の受取書は非課税
		100万円以下のもの	200円	1 記載された受取金額が5万円未満のもの
		100万円を超え 200万円以下	400円	
		200万円を超え 300万円以下	600円	2 営業に関しないもの
		300万円を超え 500万円以下	1千円	
		500万円を超え1千万円以下	2千円	3 有価証券、預貯金証書など特定の文書に追記した受取書
		1千万円を超え2千万円以下	4千円	
		2千万円を超え3千万円以下	6千円	
		3千万円を超え5千万円以下	1万円	
		5千万円を超え 1億円以下	2万円	
		1億円を超え 2億円以下	4万円	
		2億円を超え 3億円以下	6万円	
		3億円を超え 5億円以下	10万円	
		5億円を超え 10億円以下	15万円	
		10億円を超えるもの	20万円	
		受取金額の記載のないもの	200円	

番号	文書の種類	印紙税額	主な非課税文書
18	預金通帳、貯金通帳、信託通帳、掛金通帳、保険料通帳	1年ごとに200円	1 信用金庫など特定の金融機関の作成する預貯金通帳 2 所得税が非課税となる普通預金通帳など 3 納税準備預金通帳

☑ 印紙を貼らなかった場合

1 印紙税法上の効果

　印紙税法第21条1項1号は、偽りその他不正の行為により印紙税を免れ、又は免れようとした者は、3年以下の懲役若しくは100万円以下の罰金に処し、又はこれを併科する旨を規定しています。

　また、同法第22条1号は、相当印紙のはり付けをしなかつた者は、1年以下の懲役又は50万円以下の罰金に処する旨を規定しています。

2 民事上の効果

　印紙を貼り忘れると税法違反ではありますが、民事上の効果には影響がありません。したがって、契約の効力には影響がありません。

関連する法律：印紙税法

4-3 金銭消費貸借契約書の日付は いつにしますか？

契約の成立と金銭消費貸借契約書の日付

Answer

合意日すなわち調印日を記入する形式の契約書と、融資実行日を記入する形式の契約書があります。したがって、各銀行の事務手続をよく確認してください。

・・・・・・・・・・・・・・・・・・ **経営者との対話** ・・・・・・・・・・・・・・・・・・

日付の欄は今日の日付を記入すれば良いですか。

融資実行日である、○年○月○日と記入してください。

・・・

☑ 金銭消費貸借契約書の日付と法律構成

　金銭消費貸借契約書の日付は、合意日を記入する形式の契約書と、融資実行日を記入する形式の契約書があります。これは、当該金銭消費貸借契約を**諾成的消費貸借**として構成しているか、**要物契約**として構成しているかによる違いです。

　諾成的消費貸借の場合、日付は合意日を記入し、要物契約である消費貸借契約の場合は、融資実行日を記入します。諾成的消費貸借と、要物契約である消費貸借契約とでは、契約書の条項が異なりますので、記入する日付を間違えないように注意しましょう。

　各銀行は、金銭消費貸借契約書の条項を作成するにあたり、その契約書に記入すべき日を合意日とすべきか、融資実行日とすべきかを検討して事務手続で明確化しているはずです。同一の銀行でも、金銭消費貸借契約の種類（融資商品）が異なれば、記入すべき日が異なることもあります。

したがって、借入人に日付を記入してもらう際は、銀行側から、事務手続きを確認のうえ、調印日を記入するのか、融資実行日を記入するのか、指示する必要があります。

☑ 諸成契約と要物契約

1　諸成契約

　契約は、申込みと承諾の意思表示の合致、すなわち**合意で成立する**のが原則です。これを**諸成契約**といいます。したがって、一般には、契約書に記載する日付は合意日を記載するのが原則です。

諸成契約

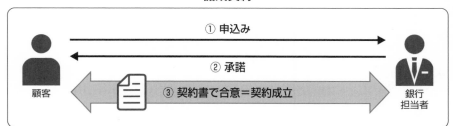

2　要物契約

　要物契約とは、意思表示の合致のほかに、**目的物の引渡し**が契約を有効に成立させるための要件となっている契約類型のことです。

要物契約

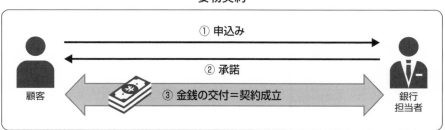

☑ 金銭消費貸借契約の場合

1 原則

　民法では、587条で「消費貸借は、当事者の一方が種類、品質及び数量の同じ物をもって返還をすることを約して相手方から金銭その他の物を受け取ることによって、その効力を生ずる。」と規定し、消費貸借契約は原則、要物契約と定められています。ただし、判例では従来から、諾成契約たる消費貸借契約も認められています。

　民法の原則は要物契約ですから、多くの金銭消費貸借契約書は、借入人が銀行に差し入れる方式で、その条項に「甲（借入人）は、乙（銀行）から次の要項により金銭を借入、確かに受領しました」との旨の文言を記載し、要物契約であることを明記しています。

　この場合、契約書に記入する日付は**融資実行日**になります。

2 令和2年4月改正民法

　令和2年4月施行の改正民法には、587条の2として、以下の規定が追加されました。

（書面でする消費貸借等）

第五百八十七条の二　前条の規定にかかわらず、書面でする消費貸借は、当事者の一方が金銭その他の物を引き渡すことを約し、相手方がその受け取った物と種類、品質及び数量の同じ物をもって返還をすることを約することによって、その効力を生ずる。

2　書面でする消費貸借の借主は、貸主から金銭その他の物を受け取るまで、契約の解除をすることができる。この場合において、貸主は、その契約の解除によって損害を受けたときは、借主に対し、その賠償を請求することができる。

3　書面でする消費貸借は、借主が貸主から金銭その他の物を受け取る前に当事者の一方が破産手続開始の決定を受けたときは、その効力を失う。

4　消費貸借がその内容を記録した電磁的記録によってされたときは、その消費貸借は、書面によってされたものとみなして、前三項の規定を適用する。

すなわち、諾成的消費貸借契約が明文化されました。諾成的消費貸借契約が成立した場合は、貸付人は貸付義務を負います。一方で、借入人は借りる義務を負いませんが、貸付人は借入人の解除によって受けた損害の賠償を請求できます。

　例えば、市場金利連動貸付では、融資にあたり銀行としては金融市場での資金調達を前もって行う必要があるので、それが無駄になることにより銀行が被る損害の賠償を請求できるとするものです。

　銀行としては、要物契約と比べて諾成契約の場合は、貸付義務を負うのでリスクが大きいといえます。

3　民法改正後の差入方式の契約書

　銀行実務では、借入人が銀行に差し入れる方式の契約書が主流ですが、差入方式の契約書が、民法第587の2の「書面でする消費貸借」にあたるかが問題となります。

　この点、銀行が記名押印をしない限り書面に貸す意思はあらわれていないとして、「書面でする消費貸借」にあたらず、諾成的消費貸借は成立していないと考えることができます。

　一方、双方当事者の意思が何らかの形で書面上にあらわれていれば足り、記名押印がなくても「書面でする消費貸借」にあたると考えることもできます。この考え方によれば、差入方式の金銭消費貸借契約書であっても、その記載内容如何で、「書面でする消費貸借」にあたることとなります。金銭消費貸借契約書が銀行側で用意した書式である点は、銀行の意思があらわれていると解する根拠にはなり得ます。

　この論点については、現状において上記の両論がある状態です。そこで、各銀行は令和2年4月の民法改正にあたり、金銭消費貸借契約書の条項を見直し、要物契約か諾成契約かが明確になるように整理をしているようです。

関連する法律：民法（消費貸借）587条以下

契約書の原本をお客様に渡す
必要はありますか？

金銭消費貸借契約書の保管

Answer

金銭消費貸借契約書は、原本は銀行保管、借入人にはコピーを渡すのが銀行実務です。

.... **経営者との対話** ....

 金銭消費貸借契約書の原本を私に渡してくれないのですか。

 はい。金銭消費貸借契約書の原本は1部しか作らないので、当行で大切に保管させていただき、お客様には、コピーをお渡しします。万が一、裁判となった場合、コピーでも証拠になりますので、ご安心ください。

☑ **原本は銀行保管、借入人にはコピーを渡すのが銀行実務**

金銭消費貸借契約書は、**原本は銀行保管、借入人にはコピーを渡すのが銀行実務**です。

金銭消費貸借契約書の保管

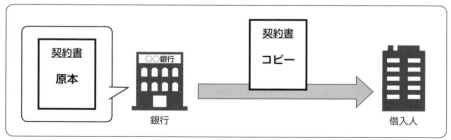

これは、一般的な金銭消費貸借契約書が、借入人から銀行に差入れる形式をとっているからという形式上の理由もありますが、実質的な理由は印紙代の負担を軽くするためです。

　例えば、貸付金額１億円の金銭消費貸借契約書には６万円の印紙の貼付が必要です。原本を２部作成し、各１部を銀行と借入人が保管するとした場合、計12万円の印紙が必要となります。

　原本を１部しか作らず、一方の当事者はコピーの保管とすることは、双方調印の契約書でもあり、銀行取引以外でも、印紙代節約のため、契約書に双方が調印していながら原本を１部しか作らないことは相応にあることです。

⚖ 知っておくと役立つ法律知識

　裁判となった場合、コピーの提出でも証拠として認められます。相手方がその契約書の成立の真正について争わなければ、コピーの契約書記載のとおり、契約書が交わされたと判断されます。

　ここで金銭消費貸借契約書のコピーしか保有しない借入人が不利になることはないのか疑問に思われるかもしれないので、この点について以下に解説します。

1　借入人が提出したコピーと銀行保管の原本が相違ない場合

　通常、借入人が銀行との裁判で、金銭消費貸借契約書のコピーを証拠として提出すれば、それが、銀行が保管している金銭消費貸借契約書の原本と相違なければ、銀行はその成立の真正を争いません。

2　銀行が借入人の偽造、変造を主張した場合

　仮に、銀行が、借入人が証拠提出した金銭消費貸借契約書のコピーについて、偽造ないし変造したものであると主張した場合はどうなるでしょうか。

　銀行が原本を保管していることは明らかですから、借入人（あるいは裁判官）は銀行に原本を提出するようにいいます。これに銀行が従わない場合、その合理的理由はないので、裁判官は、銀行の「借入人が証拠提出した金銭消費貸借契約書のコピーは偽造ないし変造したものであるとの主張」は嘘であるとの心証を抱

くでしょう。したがって、銀行は金銭消費貸借契約書の原本を証拠提出します。

　借入人が偽造、変造することなく、金銭消費貸借契約書のコピーを保管しているのであれば、銀行が提出した原本と相違がないことは明らかであり、借入人が不利になることはありません。

3　銀行員が契約書を偽造した場合

　万が一、銀行員が金銭消費貸借契約書を偽造していたとすれば、借入人が証拠提出したコピーと見比べると、借入人の署名の筆跡や実印の印影等から、偽造したものであることがわかることが多いと思われます。

　以上のとおり、金銭消費貸借契約書のコピーしか保有しない借入人が不利になることは、まったくありえないとまではいいませんが、事実上は想定しにくいので、印紙税の節約を優先し、原本を1部しか作らず、借入人にはコピーを渡すようにしています。

関連する法律：民事訴訟法228条、民事訴訟法229条

Column　パンデクテン方式

　日本の法律はまず、共通的な規定を（総則）として最初に掲げ、その後、各論的規定を掲げています。これをパンデクテン方式といいます。その最たるものが民法です。

　民法の目次は、以下のとおり構成されています。融資契約は消費貸借契約ですが、それに関する規定は587条から592条を参照すれば良いのではなく、契約総則（521条～548条の４）、債権総則（399条～520条の20）、民法総則（１条～169条）を参照しなければなりません。この構造が民法をわかりにくくしています。

　民法の条文を引くときは、以下の体系のどこに位置する条文なのかを確認したほうが正確に理解できると思います。

総則（１条～169条）			
物権（175条～398条の22）			
債権	総則（389条～520条の20）		
	契約	総則（521条～548条の４）	
		贈与（549条～554条）	
		売買（555条～585条）	
		交換（586条）	
		消費貸借（587条～592条）	
		使用貸借（593条～600条）	
		賃貸借（601条～622条）	
		雇用（623条～631条）	
		請負（632条～642条）	
		委任（643条～656条）	
		寄託（657条～666条）	
		組合（667条～688条）	
		終身定期金（689条～694条）	
		和解（695条～696条）	
	事務管理（697条～702条）		
	不当利得（703条～708条）		
	不法行為（709条～724条）		
親族（725条～881条）			
相続（882条～1044条）			

取締役会議事録を提出してもらう必要はありますか？

利益相反取引の場合に必要となる議事録

Answer

「株式会社と取締役との間の利益相反行為」の場合、取締役会設置会社の場合は取締役会の承認が、非設置会社の場合は株主総会の承認が必要になります。また、取締役会設置会社において「多額の借財」にあたる場合、取締役会の承認が必要です。これらの場合、議事録を提出してもらい承認を得ていることを確認します。

・・・・・・・・・・・・・ **経営者との対話** ・・・・・・・・・・・・・

 私は、A社とその子会社のB社の代表取締役です。今度、B社に1億円の資金が必要です。A社が保証するので融資をお願いします。

 社長は両者の取締役なので、A社がB社の債務を保証することは利益相反取引にあたります。取締役会の承認を得て、その議事録を提出してください。

☑ 議事録の提出が必要な場合

　顧客との取引が、顧客である株式会社と取締役との間の利益相反行為の場合、取締役会設置会社の場合は**取締役会の承認**が、取締役会非設置会社の場合は**株主総会の承認**が必要になります。したがって、その場合、取締役会又は株主総会で承認を得ていることをそれぞれの**議事録**の提出を受けて確認します。なお、取締役会設置会社か否かは、右図のようにその会社の登記をみれば確認できます。

　また、取締役会設置会社において、融資が「多額の借財」にあたる場合、取締役会の承認が必要ですので、この場合も取締役会議事録の提出を受けて、取締役会で承認されていることを確認します。

取締役会設置会社の確認方法

履歴事項全部証明書

東京都○○区○○1-1
株式会社■■

会社法人番号	0000-XX-000000
商号	株式会社■■
本店	東京都○○区○○1-1
公告をする方法	当会社の公告は、官報に掲載して行う。
会社成立の年月日	平成30年8月1日
目的	1．……… 2．………
発行可能株式総数	1,000株
発行済株式の総数 並びに種類及び数	発行済株式の総数 　　500株
資本金の額	金50万円
役員に関する事項	取締役　●○●○
	取締役　○●○○
	東京都○○区△△2-2 代表取締役　▲▲▲▲
取締役会設置会社に 関する事項	取締役会設置会社
登記記録に関する事項	設立 平成30年8月1日

← 取締役会設置会社か否か確認

☑利益相反取引

　利益相反取引とは、取締役と会社（自らが取締役を務める会社）の利益が相反する取引のことをいい、これには直接取引と間接取引があります。

直接取引とは、取締役が自己又は第三者のために会社と取引をする場合です（会社法356条1項2号）。

利益相反取引（直接取引）

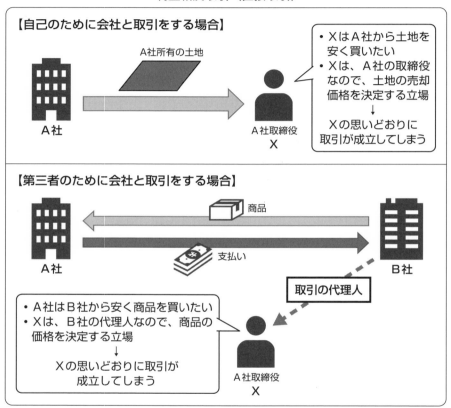

間接取引とは、会社と第三者との間の取引であって、会社と取締役との利益が相反するものです（会社法356条1項3号）。

実務上は、銀行が第三者となる間接取引に注意する必要があります。問題になりやすいのは、取締役が代表取締役を兼務している他社の債務のために会社が行う「保証」「担保提供」です。A会社の取締役（代表取締役に限らない）がB会社の代表取締役でもある場合に、A会社がB会社の債務を保証する行為も、利益相反取引に該当するので注意してください。

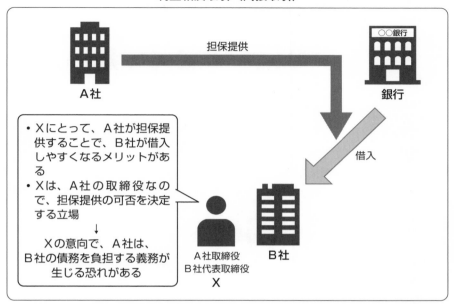

利益相反取引（間接取引）

A社 ——担保提供→ ○○銀行 銀行

借入

- Xにとって、A社が担保提供することで、B社が借入しやすくなるメリットがある
- Xは、A社の取締役なので、担保提供の可否を決定する立場
  ↓
  Xの意向で、A社は、B社の債務を負担する義務が生じる恐れがある

A社取締役
B社代表取締役
X

B社

☑ 多額の借財

　会社法362条4項は、「取締役会は、次に掲げる事項その他の重要な業務執行の決定を取締役に委任することができない。」と規定し、その2号で「**多額の借財**」があげられています。

　「**多額の借財**」にあたるかは、当該借財の額、その会社の総資産及び経常利益等に占める割合、当該借財の目的及び会社における従来の取扱い等の事情を総合的に考慮して判断されます（東京地判平成9年3月17日）。会社の命運をかけた大型設備投資のための借入などが該当します。会社によっては、取締役会の承認が必要な借財の金額を社内の規定で定めているので、その場合は、その規定に照らして判断をします。

関連する法律：会社法

代表取締役と面談をして
意思確認をする必要はありますか？

「本人の意思に基づく契約」の確認

Answer

会社に対して融資をする場合、原則、代表取締役と面談をして意思確認をすべきですが、銀行実務としては、支店長決裁等で、実際に面談をするのは経理部等の役席で可としていることも多いようです。

・・・・・・・・・・・・・・・・・ **経理部長との対話** ・・・・・・・・・・・・・・・・・

（小規模のオーナー企業の経理部長が1人で金銭消費貸借契約の調印に来店し）実印を持ってきたので、契約させてください。

金銭消費貸借契約にあたっては、代表者様の意思確認が必要です。
○○社長にもいらしていただけないでしょうか。

・・

☑ 相手方が会社の場合の本人確認

　融資先との契約が本人と行われていないとすると、その契約は無効とされ銀行は損害を被ることになりかねません。そこで、契約において、本人の意思によるものであることの確認は極めて重要です。

　本人（法人の場合は代表者）の意思に基づくものであることの確認には、本人と面談をすることが重要です。

　しかし、融資先が、規模が大きい法人であると代表者は多忙であり、なかなか銀行に来る日時を調整するのが大変です。

　一方で、それなりの大きな法人であれば、社内規定で、決裁ルールが定められています。規模が小さい法人の場合、代表者の一存で借入を行う場合が多いですが、決裁ルールが整っている法人であれば、銀行から融資を受ける場合は、事前に決裁ルールに基づいた稟議決裁を行います。

　銀行としては、稟議決裁を受けていることを確認できれば、本人（代表者）の

意思に基づくものであることを確認できたといえます。

　また、131頁で後述のとおり、実印（法務局へ届けてある代表者印）の押印があれば、裁判においても本人の意思に基づくものであることが推定されます。

　さらに、会社法14条により、経理部長等には金銭消費貸借契約を締結する権限が認められる場合もあります（→134頁）。

　銀行実務では、以上を総合的に判断し、支店長決裁等で、実際に面談をするのは経理部等の役席で可としていることが多いようです。

☑ 会社における契約締結権限

1　原則

　会社法349条１項は「取締役は、株式会社を代表する。ただし、他に代表取締役その他株式会社を代表する者を定めた場合は、この限りでない。」と規定しています。したがって、代表者の定めがない場合は取締役が、代表者の定めがある場合は代表取締役等が会社を代表します。なお、代表者の定めの有無は、会社の定款又は登記により確認できます。多くの会社は代表取締役を置いています。

　これにより、原則として会社としての融資の申込みの意思表示をできるのは代表取締役（その定めがなければ取締役）となります。

2　ある種類又は特定の事項の委任を受けた使用人

　会社法14条１項は「事業に関するある種類又は特定の事項の委任を受けた使用人は、当該事項に関する一切の裁判外の行為をする権限を有する。」と規定しています。これにより、代表権を有していない使用人にも会社の規定等により委任を受ければ、契約をする権限があることになります。

関連する法律：会社法

金銭消費貸借契約書には
なぜ実印の押印が必要ですか？

印鑑証明書と実印の効力

> **Answer**
>
> 融資先や保証人（以下、「借入人等」といいます。）との契約が本人と
> 行われていないとすると、その契約は無効とされ銀行は損害を被るこ
> とになりかねません。本人により行われていることを証明するには、
> 実印の押印に大きな意味があります。

・・・・・・・・・・・・・・・・・・・・・ **経営者との対話** ・・・・・・・・・・・・・・・・・・・・・

 　（金銭消費貸借契約書締結の場で）申し訳ありません。実印を忘
れてしまいました。銀行印なら持ってきているので、これではダメ
でしょうか。

 　借入人や保証人の方には、実印を押印いただかないと契約できま
せん。お待ちしておりますので、実印を取ってきてください。

・・・

☑ 相手方の本人確認と実印

　借入人等との契約が本人と行われていないとすると、その契約は無効とされ銀
行は損害を被ることになりかねません。そこで、契約において、本人の意思によ
るものであることの確認は極めて重要です。

　本人（法人の場合は代表者）の意思に基づくものであることの確認には、まず
本人と面談をすることが重要ですが、訴訟における本人の意思に基づくものであ
ることの立証には実印の押印が重要です。そこで、借入人等からは、実印の押印
を求めます。ここで、**実印**とは、個人の場合は市区町村へ届けてあるもの、会社
の場合は法務局へ届けてあるものを指します。

☑ 印鑑証明書

　なお、契約書に押印されている印影が実印によるものであることを証明するためには、**印鑑証明書**が必要です。しかし、借入人等と紛争になった後、銀行が借入人等に印鑑証明書の提出を求めても提出してくれない恐れがあります。そこで、契約時に印鑑証明書の原本の提出を必ず受けておくことが必要です。

　実印は変更することが可能ですので、一般に3ヶ月以内に発行された印鑑証明書の提出を求めます。

　また、コピーであれば偽造が原本に比べて容易にできるので、原本の提出を求める必要があります。

印鑑証明書（例）

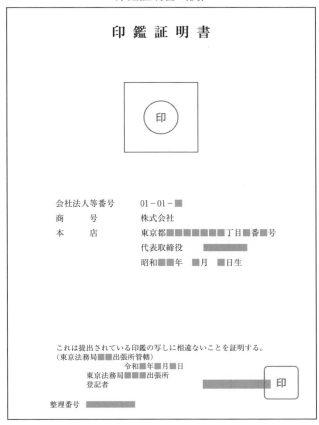

借入人が返済をしない場合、銀行は、借入人等を相手として、裁判をする必要があります。その裁判で、銀行は証拠として金銭消費貸借契約書を提出します。しかし、それに対して、借入人等は、「自分は契約していない、第三者が勝手に自分の名前を使って契約をした」と主張するかもしれません。

　その場合、銀行が、当該金銭消費貸借契約書の成立の真正を証明する必要があります（民事訴訟法228条1項）。

　文書が真正に成立したといえるためには、当該文書の作成者として主張される、特定人の意思に基づいて作成されたものであることが必要です。金銭消費貸借契約書の場合、当該文書の作成者は借入人です。契約書の成立の真正を証明する際、借入人の意思に基づいて作成されたものであることが証明される必要が生じることとなります。

　しかし、実際に借入人が本人の意思に基づいて署名・押印したかは録画がない限り裁判官にはわかりません。

受領した契約書が真正に成立しているかの判断

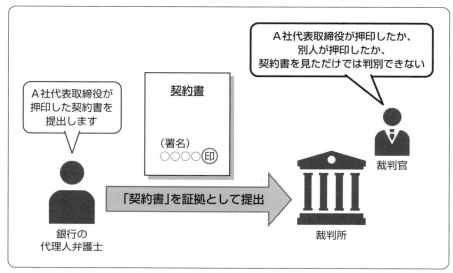

そこで、民事訴訟法228条4項と判例理論により、以下のように契約書の成立を推定することが可能になっています。

金銭消費貸借契約書が真正に成立したとの推定

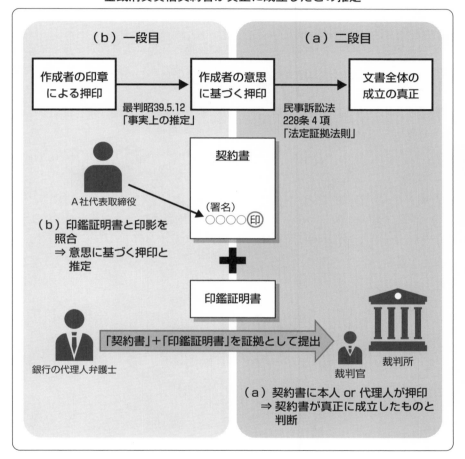

（a）二段目の推定

　民事訴訟法228条4項は「私文書は、本人又はその代理人の署名又は押印があるときは、真正に成立したものと推定する。」と規定しています。ここにいう「本人又はその代理人の押印」とは、本人又は代理人の意思により押印されたことをいいます。

（b）一段目の推定

　判例理論では、「私文書の作成名義人の印影が当該名義人の印章によって顕出された事実が確定された場合には、反証がない限り、当該印影は本人の意思に基づいて押印されたものと事実上推定できる」（最判昭和39年5月12日）とされています。

　この推定は、事実上の推定ですので、反対証拠の提出により推定を覆すことができますが、我が国における実印の管理状況に鑑みると、実印を本人以外の人が無断で押印したことの立証はハードルが高いと考えられます。認印でもこの推定は働きますが、一般に実印と管理状況は異なりますので、実印に比べ推定が覆りやすいと考えられます。

　二段の推定により金銭消費貸借契約書の成立の真正が推定されます。

　契約書に実印の押印があることが、「自分は契約していない、第三者が勝手に自分の名前を冒用して契約をした」との主張を覆すために大きな意味があります。

関連する法律：民事訴訟法228条

Column 私法と私的自治の原則

　私法とは、私人間の関係を規律する法律をいいます。

　公法とは、私法に対置される概念であり、一般には、国家と国民の関係の規律及び国家の規律を行う法をいいます。

　銀行と借入人との関係は私人間の関係ですから、私法が適用されます。

　六法でいえば、民法と商法が私法です。

　私法に似た概念として民事法があります。民事法といった場合、私法に加えて、私人間の紛争に関する手続法である民事訴訟法も含まれます。民事訴訟法は、民事訴訟における規律を規定する法律ですから、国家機関である裁判所と国民の関係を規律する法律なので公法ですが、その対象は私人間の紛争ですから、民事法です。

　私法と公法を分けて考えるうえで最も重要なことは、私法は私的自治の原則が適用されることです。

　私法には、強行規定と任意規定がありますが、任意規定が原則です。

- 強行規定：公の秩序に関するもの。強行規定に反する契約は無効。
- 任意規定：公の秩序に関しないもの。民法の規定と異なる契約をした場合、その契約により規律される（契約自由の原則）。

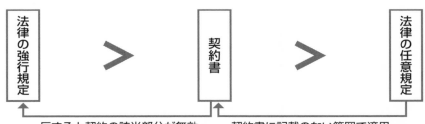

すなわち、民法と契約書の規定が相反する場合、契約書の規定が優先されるのが原則です。

会社の印鑑を押すのは
経理部長で良いですか？

実印の押印権限

> **Answer**
> 金銭消費貸借契約書に押印するのは経理部長で構いませんが、代表取締役への意思確認はきちんと行うべきです。

・・・・・・・・・・・・・・・・・・ **経営者との対話** ・・・・・・・・・・・・・・・・・・

 　今回の融資ですが、金額1億円、金利1％固定、期間5年、返済方法は元本均等返済で決裁がとれました。

 　ありがとうございます。契約書の締結にはA経理部長を御行に行かせます。

 　承知しました。

・・

☑ 押印権限の委嘱

　金銭消費貸借契約書には、融資先企業の代表取締役の実印（法務局に届けてある印鑑）の押印と印鑑証明書の提出が必要です。

　これは、法的には金銭消費貸借契約書について成立の真正の推認を受けることが目的です。文書に押印がある場合、131頁で前述のとおり「二段の推定」により文書の成立の真正が推認されます。

　しかし、文書の作成名義人である代表取締役以外が押印した場合は、二段の推定の一段目の推定である「本人の意思に基づいて押印されたもの」との推定が働かず、一見押印の意味がないようにも思えます。しかし、代表取締役が実印の押印権限を（権利関係書類に限って）経理部長等の社員に委ねている場合は、権限を委ねられた経理部長等の押印でも構いません。

ただし、押印を経理部長等が行う場合も、銀行としては借入意思の確認は代表取締役に直接行うことが望ましいと考えられます。特にデリバティブを内在した融資商品等、商品性やリスクの理解が難しい商品の場合、代表取締役が商品性やリスクを理解しないで経理部長等に押印権限を委ねても、かかる押印の委任行為自体が無効であると争われる可能性があるので注意が必要です。

　この点、金融庁の監督指針にも、「契約の意思確認」とのタイトルのもと、以下のような記載があります。

　契約の内容を説明し、借入意思・担保提供意思・保証意思・デリバティブ取引の契約意思があることを確認したうえで、契約者本人から契約内容への同意の記録を求めることを原則としているか。特に、保証意思の確認に当たっては、契約者本人の経営への関与の度合いについても確認することとしているか。

☑ 経理部長が無断で押印した場合

　代表取締役が金銭消費貸借契約書への押印を経理部長に委ね、それに従い、経理部長が押印した場合は前述のとおり問題ありません。

　では、経理部長が無断で代表取締役の実印を押印した場合はどうなるでしょうか。

　その場合、民法の表見代理の規定（第109条、第110条、第112条）により一定の要件のもと、本人たる会社に効果帰属が認められます。これについては、以下a）〜c）を要件とし、特にb）とc）の要件によって無権代理人の代理権を信じた者と、本人たる会社との利害を調整し、妥当な解決を図ることとなります。

a）経理部長に押印が委ねられているかのごとき外観の存在
b）相手方である銀行の経理部長の押印権限の不存在についての善意無過失
c）本人たる会社の帰責事由

関連する法律：民法109条（代理権授与の表示による表見代理等）、民法110条（権限外の行為の表見代理）、民法112条（代理権消滅後の表見代理等）

契約書の調印を喫茶店で行っても問題ありませんか？

契約書の調印場所とクーリングオフ

> **Answer**
> 金銭消費貸借契約の調印は、銀行の外で行っても問題はありません。

・・・・・・・・・・・・・・ 個人客との対話 ・・・・・・・・・・・・・・

 今度御行からアパートローンを借りるけど、私の家から御行は遠いので、私の家の近くまで来ていただいて、喫茶店で契約書を調印できませんか。

 わかりました。

・・

☑ クーリングオフ

　一般論として、事業所外で契約をしたから即無効ということはありません。しかし、事業所外で契約をすると**クーリングオフ**の対象となり、一定期間解除が可能なことがあります。クーリングオフとは、契約をした後、消費者に冷静に考え直す時間を与え、一定期間であれば無条件で契約解除ができる制度です。

　しかし、金銭消費貸借契約はクーリングオフの対象ではありませんので、銀行の店舗外で契約をしても問題はありません。

　もっとも、店舗外で契約をする場合も、借入人に対する説明を疎かにしてはいけないことは、いうまでもありません。

☑ 知っておくべき法律知識

　クーリングオフを定める代表的な法律は「特定商取引に関する法律」（以下、特商法）です。特定商取引法で定めるクーリングオフは以下のとおりです。

クーリングオフの対象

取引形態	期間	根拠法・条項
訪問販売 （事業者が消費者の自宅に訪問して、商品や権利の販売又は役務の提供を行うこと）	8日間	特商法第9条
電話勧誘販売	8日間	特商法第24条
特定継続的役務提供契約 （エステティックサロン・一定の美容医療・家庭教師・学習塾・結婚相手紹介サービス・語学教室・パソコン教室）	8日間	特商法第48条
連鎖販売取引 （マルチ商法）	20日間	特商法第40条
業務提供誘引販売取引 （内職やモニターの勧誘）	20日間	特商法第58条
訪問購入 （事業者が消費者の自宅等を訪問して、物品の購入等を行う取引のこと）	8日間	特商法第58条の14

第4章
契約

　特商法以外では、個別の商品、販売方法、契約等の種類によって、割賦販売法、特定商品等の預託等取引契約に関する法律、宅地建物取引業法、ゴルフ場等に係る会員契約の適正化に関する法律、有価証券に係る投資顧問業の規制等に関する法律、保険業法等で規定されています。

　したがって、融資契約（金銭消費貸借契約）は、クーリングオフの対象ではありません。

　金銭消費貸借契約を銀行外で締結すると、訪問販売にあたるのではないかと疑問に思われるかもしれませんが、融資は「商品や販売又は役務の提供」にはあたりません。

関連する法律：特定商取引法

印鑑証明書の添付があれば、保証人の意思確認はとれたとみなして良いですか？

保証人の意思確認の重要性

Answer

保証意思の確認は、実印の確認だけでは不十分です。保証契約の締結にあたっては、保証人の面前で、保証内容を説明したうえで、保証意思を確認すべきです。

・・・・・・・・・・・・・・・・・ **経営者との対話** ・・・・・・・・・・・・・・・・・

　　私とともに保証人となる取締役の○○は、本日都合が悪くて来店できません。取締役の○○の実印と印鑑証明書も持ってきたので、契約させてください。

　　当行から取締役の○○様へ保証意思確認をする必要があります。○○様にもいらしていただけないでしょうか。

・・・

☑ 保証意思確認の重要性

　保証契約について、後日、銀行が保証人に対して請求したときに、保証人が「保証した覚えがない」と主張し、紛争となるケースがしばしば発生していました。

　なお、このように、保証人の意思に基づく契約ではないと保証人が主張することを**保証否認**といいます。

　特に、親族が保証人の場合、主債務者が勝手に保証人の実印や印鑑カードを持ち出して、あたかも保証人本人が自らの意思で契約書に押印をしたかのごとき形式を整えることが散見されます。実際に、保証否認で裁判となったケースは多々存在します。

　保証人になってもメリットはない一方で、リスクが大きいので、保証を引き受けてもらうことは大変です。そこで、借入人からすれば保証人の署名・押印を偽造する誘因があるといえます。

また、借入人の場合、いくら融資の申込みを否認しても、融資金が借入人の口座に振込まれている以上、それを第三者に無断で引き出されたことまで立証しないと、少なくとも元本の返済義務は免れませんが、保証人は保証意思を否認し、それを立証できれば、銀行に対する債務を免れます。

　また、131頁で前述のとおり、実印の押印があれば、本人の意思により押印されたことは推定されるものの、事実上の推定なので推定が覆される可能性があります。

　そこで、銀行としては、保証人に対しては借入人以上に厳格に本人の意思確認を行う必要があります。契約相手が本人であることの確認に留まらず、保証の意味を理解していることの面前確認も必要です。銀行側は必ず**保証人本人と面談を**し、保証責任について十分に説明したうえで、保証人本人から契約書に自署・押印を受けることを徹底すべきです。

　さらに、口頭で本人の意思確認をしただけでは記録が残らず、証拠となりません。そこで、「意思確認記録書」等により、いつ、どこで、だれと、どのような会話をして保証意思確認をしたのかを記録しておくことが有意義です。

保証意思確認

☑ 保証をめぐるトラブル

保証をめぐるトラブルとしては、下記の2つのケースがあります。

①保証人が「契約書に押印をした覚えがない」と主張するケース
②保証人が「契約書に押印はしたが主債務の内容を知らなかった（誤解していた）」
　と主張するケース

①はいわゆる保証否認です。保証否認にはさらに「盗用のケース」と「悪用の
ケース」があります。105頁を参照ください。

②は、例えば運転資金として手形貸付を繰り返し行うことを前提に根保証を求
めたところ、あとで最初の手形貸付しか保証する意思は無かったと主張するケー
スで、法的には錯誤による取消し（民法95条）を主張するものです。

錯誤取消しは、その事情が法律行為の基礎とされていることが表示されていた
ときに限られるうえ（民法95条2項）、錯誤が表意者の重大な過失によるもので
あった場合には取消しできないので（民法95条3項）、認められるハードルは高
いものの、金融機関からの借入の保証において認められた裁判例も複数あり、銀
行としては注意が必要です。

したがって、銀行側は、保証人に対して、主債務の内容についてもわかりやす
く説明したうえで、「意思確認記録書」等にその説明内容を正確に記録し、証跡
化しておくべきです。

関連する法律：民法（保証債務）446条以下、民法110条

第 **5** 章

貸 出 後 の 管 理

複雑な事業形態に
対応するために必要な法律知識

5-1 抵当権抹消登記のためには 何が必要ですか？

抵当権を抹消する際の必要書類と手続き

Answer

銀行は融資を完済した顧客から求められれば、抵当権抹消登記のために、登記識別情報通知書、登記原因証明情報（抵当権解除証書等）、委任状及び会社等法人番号を示した書類を渡します。

・・・・・・・・・・・・・・・ **経営者との対話** ・・・・・・・・・・・・・・・

 融資を完済したので抵当権を抹消します。必要書類をください。

 わかりました。登記識別情報通知書、抵当権解除証書、委任状及び会社等法人番号を示した書類をお渡しいたします。

☑ 登記権利者と登記義務者

　登記には**登記権利者**と**登記義務者**がいます。当該登記により利益を受ける者が登記権利者であり、不利益を受ける者が登記義務者です。

　抵当権登記でいえば、設定登記は、銀行が登記権利者、不動産の所有者（通常の場合は融資を受ける顧客）が登記義務者ですが、抹消登記は逆で、銀行が登記義務者、所有者が登記権利者となります。

　一般に、登記は登記権利者が手配する**司法書士**が行います。もっとも抵当権抹消登記は難しくないので、融資を返済した顧客が自分で行うこともよくあります。

　抵当権設定登記は銀行が手配する司法書士が行うので、銀行員としてはその司法書士の指示に従えば良いですが、抵当権抹消登記においては、銀行員は必要書類を正しく顧客に交付しなければなりません。

　なお、銀行は融資を返済した顧客から求められたら抵当権抹消登記に必要な書類を渡せば良く、完済をしたら銀行から自発的に渡す必要はありません。顧客の

抵当権の「登記権利者」と「登記義務者」

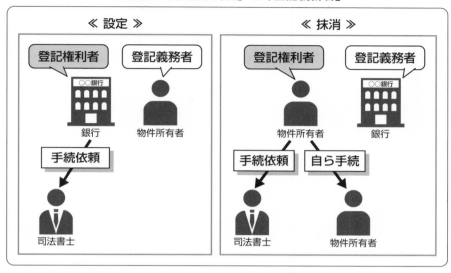

立場としても、抹消登記をする直前に受け取ったほうが好ましいといえます。

知っておくと役立つ法律知識

抵当権の抹消登記申請を行う場合は、登記権利者である所有者、又は、その人から委任を受けた司法書士が、登記申請書を法務局に提出します。

その際に添付しなければならない書類のうち、銀行から交付する必要があるものは以下のとおりです。

1	登記識別情報又は登記済証	抵当権設定登記時に発行。銀行で保管
2	登記原因証明情報	銀行にて作成
3	委任状	銀行にて作成
4	会社等法人番号を示した書類	銀行にて作成

1　登記識別情報又は登記済証

登記識別情報とは、登記済証に代えて発行されるアラビア数字その他の符号の組合せからなる12桁の符号です。この登記識別情報が書かれた書面を登記識別情報通知書といいます。

登記識別情報（例）

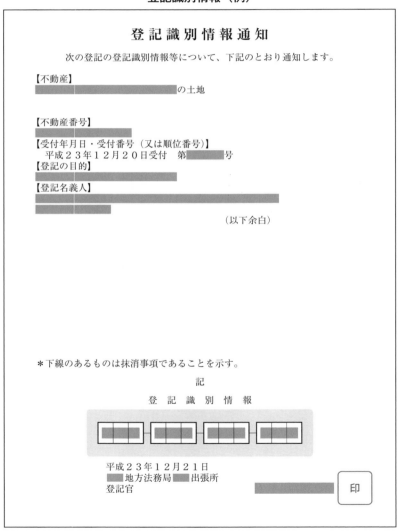

抵当権登記については、設定登記時に**登記識別情報通知書**が発行され、それを抵当権者である銀行が保管します。

　緑色で印刷され、目隠しシールが貼られています。この目隠しシールの下に、登記識別情報が書かれています。現在の登記はオンラインで管理されていますが、この登記識別情報がオンライン入力に必要です。

　抵当権抹消登記には、その登記識別情報が必要なので、銀行は抵当権抹消時に抵当権登記の登記識別情報通知書を、融資を完済した顧客に渡さなければなりません。

　なお、抵当権の登記識別情報は、所有権の登記識別情報（所有権者が保管）とは別物なので注意をしてください。

　この登記識別情報は、不動産登記がオンライン化した後の仕組みです。不動産登記がオンライン化されたのは平成17年から平成20年です（法務局により異なります）。オンライン化される以前は登記済証が登記された権利を証するものでした。

　抵当権でいえば抵当権設定契約書に、法務局の「登記済」の赤い印鑑が押されたものです。したがって、オンライン化される前に設定された抵当権登記を抹消する場合は、銀行は登記済証を、融資を完済した顧客に渡さなければなりません。

２　登記原因証明情報

　銀行は、登記原因としての抵当権消滅を証するため、次頁のような、**抵当権解除証書、弁済証書、抵当権放棄証書**（銀行により呼び方が違います）などの書面を、融資を完済した顧客に渡さなければなりません。

　なお、オンライン化される前に設定された抵当権の場合、抵当権設定契約書の最終頁に「抵当権を解除しました」というスタンプを押して、登記済証と抵当権解除証書とが兼用になっている場合もあります。

抵・消滅時用

抵 当 権 抹 消 登 記 原 因 証 明 情 報

令和　年　月　日

法務局　　　　　　御中

横浜市△△△●丁目●番●号
■ ■ ■ ■ 株 式 会 社
代表取締役　　○○　○○
（会社法人等番号　XXXX-XX-XXXXXX）

（印）

下記のとおり抵当権は消滅いたしました。

１．登記の目的　　抵当権抹消

２．申請対象となる登記事項の表示
　　　　　法務局　抵当権　令和　年　月　日受付第　号

３．登記の原因　　令和　年　月　日主債務消滅

４．当　事　者　　権利者（抵当権設定者）

　　　　　　　　義務者（抵当権者）
　　　　　　　　横浜市△△△●丁目●番●号　■■■■株式会社

５．登記の原因となる事実又は法律行為
　　債務者　　　　　　　による本件抵当権の被担保債権の目的たる債務の弁済により、
　　抵当権者　■■■■株式会社の本件抵当権の被担保債権は消滅した。

６．不動産の表示

　　　別　　紙

3　委任状

　抵当権抹消登記は、抵当権者と所有者が共同申請するのが原則となっています。しかし、銀行は、抵当権抹消登記は所有者サイドに任せますので、登記手続を委任するための**委任状**を発行して、融資を完済した顧客に渡さなければなりません。

4　会社等法人番号を示した書類

　以前は委任状だけでなく資格証明書（代表者事項証明書）の添付も必要でしたが、平成27年11月以降は、抵当権抹消登記申請書に抵当権者である**金融機関の会社法人等番号**を記載した場合には、資格証明書の添付は不要となっています。

　そのため、銀行は会社等法人番号を示した書類を、融資を完済した顧客に渡します。独立した書類ではなく、委任状などに記載されている場合もあります。

関連する法律：会社法、不動産登記法

不動産登記簿の見方

　不動産登記簿は、【表題部】【権利部（甲区）】【権利部（乙区）】の３つの部分から構成されています。

　表題部は、その不動産を特定する情報が記載されています。

　権利部（甲区）は、所有権に関する事項が記載されていますので、現在誰が所有者かは、ここをみて確認します。

　権利部（乙区）は、所有権以外の権利に関する事項が記載されていますが、その大半は担保（抵当権、根抵当権）に関する情報です。銀行員としては、ここを確認することにより、他行との取引状況をチェックします。

　なお、登記において下線が引いてあるのは抹消されたとの意味ですので注意してください。

表題部 （主である建物の表示）			調整	余白		不動産番号	0000000000000
所在図番号	余白						
所　在	■■区５丁目　□番地□				余白		
家屋番号	□番				余白		
①種　類	②構　造		③床　面　積　㎡		原因及びその日付（登記の日付）		
居宅	木造かわらぶき２階建て		1 階　　　80　00 2 階　　　70　00		令和２年○月○日新築 （令和２年○月○日）		
所有者	■■区■町５丁目□番□号　山田太郎						

権利部（甲区）　（所有権に関する事項）			
順位番号	登記の目的	受付年月日・受付番号	権利者その他の事項
1	所有権保存	令和２年○月○日 第○○号	所有者　■■区■町５丁目□番□号 　　　　山田太郎

権利部（乙区）　（所有権以外の権利に関する事項）			
順位番号	登記の目的	受付年月日・受付番号	権利者その他の事項
1	抵当権設定	令和２年○月○日 第○○号	原因　令和２年○月○日 　　　金銭消費貸借同日設定 債権額　金5,000万円 利息　年△.△△％ 債務者　■■区■町５丁目□番□号 　　　　山田太郎 抵当権者　▲▲区▲町３丁目△番△号 　　　株式会社　●●銀行 　　　（取扱店　●●支店）

....

　一般に、顧客が認識している住所は、「住居表示」です。これとは別に「地番」があります。

　明治以降、住所は土地の所在を表す「地番」で表示されてきました。

　しかし、地番は入り組んでおり、わかりにくいので、昭和37年に制定された「住居表示に関する法律」により、住居表示が実施されました。

地　番
○○市○町○丁目○番地○

住 居 表 示
○○市○町○丁目○番○号

　ただし、住居表示未実施の地域もあります。

　住居表示が実施されている場合、地図上の表記は住居表示になります。一方、不動産登記簿上は住居表示が実施されている地域でも地番での表示になります。土地の売買契約書も、不動産登記とあわせて地番で不動産を特定するのが通例ですし、銀行関係書類では抵当権設定契約書では地番で物件を特定します。

　したがって、融資実務では、担保にとる物件の住居表示だけでなく地番も把握しなければなりません。

　そこで利用するのがブルーマップです。ブルーマップは住宅地図を出している株式会社ゼンリンが発行しているもので、ひらたくいえば、住宅地図（住居表示が記載されている）に、地番が青い文字で書き加えられたものです。法務局や図書館に行けば、その地域のものは常備されています。

　さらに、最近は民事法務協会の登記情報（→155頁）を取得するインターネット上のシステム（https://www1.touki.or.jp/operate/03-01.html）の「地番検索システム」を利用することにより、住居表示から対応する地番を検索することもできます。

第5章

貸出後の管理

5-2 代表者を変更しました。どのような手続きが必要ですか？

代表者変更手続と保証人変更手続

Answer

役員変更登記が完了したら、履歴事項全部証明書を確認して変更手続をします。前代表者を保証人としていた場合は、原則保証解除をするとともに、新代表者を保証人とすることの稟議決裁を経てから保証契約手続をとります。

・・・・・・・・・・・・・・・ **経営者との対話** ・・・・・・・・・・・・・・・

 私も歳なので、長男であるＡ専務を代表取締役社長にして私は引退しようと思います。

 わかりました。役員変更登記が完了したら、手続きを進めます。また、融資の保証人を社長から新社長へ変更しますので、今度、新社長のＡさんといらしてください。

・・

☑ 与信判断上の考慮事項

1 新代表者の経営能力の把握

会社が興隆するも衰退するも、代表者の経営手腕によるところが大きいことはいうまでもありません。

代表者が変更となった場合、銀行担当者としては新経営者とコミュニケーションをとり、新代表者のビジョンや能力を見極め、その会社に対する銀行としての今後の取り組み方針を判断するための情報を収集しましょう。

2 過大な退職金に注意

退任した代表者には役員退職金が支払われることがよくあります。

会社側の税務上、一定の範囲内で損金扱いをして退職金を支給できますし、退任者側の所得税も退職金には優遇措置がありますので、在任期間が長かった代表取締役が退任する場合、かなり高額な退職金が支払われることが間々あります。

　しかし、会社の財務状況によっては、その退職金が財務基盤を毀損させる恐れもあります。したがって、代表者変更、特に退任する代表者の在任期間が長かった場合、退職金が会社の財務基盤に与える影響を見極めるため、銀行の担当者は役員退職金の金額をヒアリングしましょう。

☑ 会社側の代表者変更手続

1　代表者変更の会社内手続

（1）取締役会設置会社の場合

　取締役会設置会社の場合、代表取締役は取締役の中から取締役会で選任されます（会社法362条3項）。

（2）取締役会非設置会社の場合

　取締役会非設置会社の場合、会社法349条1項は、「取締役は、株式会社を代表する。ただし、他に代表取締役その他株式会社を代表する者を定めた場合は、この限りでない。」と規定し、法的には代表取締役を定めず、各取締役が会社を代表することが原則ですが、実際には取締役会非設置会社でも代表取締役を定めることのほうが多いです。

　その場合、代表取締役は、定款、定款の定めに基づく取締役の互選又は株主総会の決議によって選任します（会社法349条3項）。

（3）登記

　代表取締役の就任・退任は登記事項です（会社法911条3項14号、商業登記法54条1項）。代表取締役の選任には上述の手続きが適正に行われたことが要件ですが、それは登記申請の際に法務局で確認されますので、銀行としては代表者変更の登記がなされていることを全部事項証明書で確認します（→152頁）。

代表者変更の履歴事項全部証明書

履 歴 事 項 全 部 証 明 書

東京都○○区○○1-1
株式会社■■

会社法人番号	0000-XX-000000
商号	株式会社■■
本店	東京都○○区○○1-1
公告をする方法	当会社の公告は、官報に掲載して行う。
会社成立の年月日	平成30年8月1日

役員に関する事項	取締役　●○●○	平成30年8月1日登記
	取締役　○●○●	平成30年8月1日登記
	東京都○○区△△2-2	令和2年6月30日辞任
	代表取締役　▲▲▲	令和2年7月10日登記
	東京都○○区△△3-3	令和2年6月30日就任
	代表取締役　□□□	令和2年7月10日登記
登記記録に関する事項	設立 平成30年8月1日	

辞任した代表取締役には、下線が引かれる。

☑ 銀行側の代表者変更手続

　代表者を変更する会社側の手続きは、取締役会設置会社と非設置会社で異なりますが、いずれにしても、銀行としては、役員変更の登記完了後に変更届の提出を受けます。その際には、役員変更登記がなされていることを確認するため、法務局が発行する履歴事項全部証明書の原本を確認します。

　代表取締役を変更しても、代表印（会社実印）は引き継ぐことが多いですが、代表印は代表者と紐付いたものであり、代表印を引き継ぐ場合も法務局へは、新代表者の印鑑として引き継いだ印鑑を登録します。したがって、代表者変更の際は、代表印を引き継ぐ場合であっても、銀行の印鑑票について、新たに新代表者から提出を受けます。

☑ 保証人変更手続

　法人融資においては、代表者を保証人とすることが多いため、代表者を変更することに伴い、保証人も変更する場合はその手続きも行います。

　保証人の変更は、融資先からの単なる届出事項ではなく、与信条件として、銀行の稟議決裁が必要です。

　稟議決裁後、銀行は新保証人から実印を押印した保証書と印鑑証明書の提出を受けます。

変更手続において顧客から提出を求める書類

変更手続	提出書類
代表者変更	・変更届 ・履歴事項全部証明書（原本） ・会社の印鑑証明書（新代表者に引き継いだ後のもの）
保証人変更	（稟議決裁後） ・保証書 ・保証人の印鑑証明書

☑ 保証人の変更

経営者保証ガイドライン（→221頁）の「6. 既存の保証契約の適切な見直し（2）事業承継時の対応ロ　②対象債権者における対応」には、以下の記載があります。

イ）後継者との保証契約の締結について

　　対象債権者は、前経営者が負担する保証債務について、後継者に当然に引き継がせるのではなく、必要な情報開示を得た上で、第4項（2）に即して、保証契約の必要性等について改めて検討するとともに、その結果、保証契約を締結する場合には第5項に即して、適切な保証金額の設定に努めるとともに、保証契約の必要性等について主たる債務者及び後継者に対して丁寧かつ具体的に説明することとする。

ロ）前経営者との保証契約の解除について

　　対象債権者は、前経営者から保証契約の解除を求められた場合には、前経営者が引き続き実質的な経営権・支配権を有しているか否か、当該保証契約以外の手段による既存債権の保全の状況、法人の資産・収益力による借入返済能力等を勘案しつつ、保証契約の解除について適切に判断することとする。

　銀行が経営者を保証人とする一番の目的は経営責任を負ってもらう点にあります。

　退任した代表取締役が、引き続き実質的な経営権・支配権を有しているような例外的な場合を除き、退任した代表取締役の保証契約を解除し、同時に、新任の代表取締役を保証人とするのが一般です。

　しかし、銀行として無条件に、新任の代表取締役を保証人とすることを貸出の条件とするのではなく、保証契約の必要性について改めて検討したうえで、新任の代表取締役を保証人とすることの必要性を説明できる場合についてのみ、保証人とすべきです。

関連する法律：会社法、商業登記法

　登記簿をインターネットで取れないの？　と思われる方が多いと思います。

　まず、一般に登記簿という場合、全部事項証明書又は履歴事項証明書を指します。

　昔は法務局に登記簿という帳面があったのですが、平成17年から平成20年にかけて電子化されました。そこで、現在は法務局に登録されている登記の原本は電子ファイルになります。その電子ファイルの内容を、登記官が証明文を付し、公印を押した形で紙にしたものが、全部事項証明書や履歴事項証明書です。

　全部事項証明書や履歴事項証明書は、法務局に行けば取得できますが、インターネットで請求し、郵送してもらうことも可能です。ただし、それには、登記・供託オンライン申請システムという法務省が提供しているソフトウエアを使うのですが、慣れていないと少し大変かもしれません。

　これとは別に、一般財団法人民事法務協会という組織が、登記情報提供サービスというサービスを提供しており、このサービスでも登記の内容を照会できます。全部事項証明書又は履歴事項証明書と異なり、登記官の証明文や公印はありませんが、登記の内容を知るだけであれば、これで十分です。

　全部事項証明書や履歴事項証明書は、インターネットで請求しても郵送で送られてくるので、その内容を即座に見ることができません。この点、登記情報提供サービスでは、登記の内容をリアルタイムでPDFファイルにダウンロードして確認できるので便利です。

　また、このサービスの手数料は332円と、全部事項証明書をインターネットで請求する場合（500円）よりも安価です。

5-3 融資を受けていた父が亡くなりました。どのような手続きが必要ですか？

団体信用生命保険と相続の概要

> **Answer**
>
> まず、相続放棄や限定承認の事実がないことを確認します。単純承認の場合は、融資債務は法定相続人に法定相続分の割合で相続開始と同時に当然に分割相続されます。特定の相続人が融資債務を引き継ぐ場合は、免責的債務引受という方法を用います。

············ 質問者との対話 ············

 御行で融資を受けていた父が亡くなりました。

 ご愁傷様です。その融資は誰が引き継ぐか決まっていますか。

 はい、私が引き継ぎます。

 承知しました。その場合、免責的債務引受の決裁と手続きが必要です。別途、稟議を上げるために必要な書類をご案内いたします。

☑ まずは返済を止める

　融資債権が相続においてどうなるか、相続が発生した時点では不明です。また、融資の返済は、一般に預金口座からの引落しで行いますが、預金の相続がどうなるかも不明です。そこで、個人の融資先が亡くなった場合は、返済を一時停止します。

　相続が発生すると、預金も支払停止とするので、銀行の債権保全上は問題ありません。

☑ 団体信用生命保険の手続きをとる

　団体信用生命保険（以下、団信）は、債務者が死亡もしくは所定の高度障害など不測の事態に陥り、債務を返済することができなくなった場合に、銀行に対する債務を弁済する保険制度のことです。

　亡くなった融資先が団信に加入していた場合は、保険会社に手続きをとり、保険金で融資の返済を行います。

団体信用生命保険

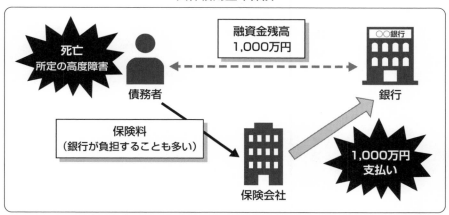

知っておくと役立つ相続の法律知識

1　相続人と法定相続分

（1）相続とは

　相続とは、個人（被相続人）が死亡した場合、被相続人の財産に属した一切の権利義務を承継するものです（民法896条）。

　相続は被相続人の死亡と同時に開始します（民法882条）。

（2）相続人

　相続人は次のとおりです。

相続人

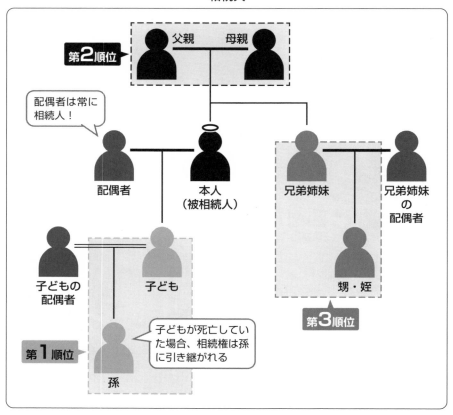

ア　被相続人の配偶者は常に相続人となります（民法890条）

イ　被相続人の子も常に相続人となります（民法887条1項）

ウ　被相続人の子が、相続の開始以前に死亡していたとき、その者の子（つまり孫）が相続人となります（代襲相続、民法887条2項）

エ　被相続人に子がいない場合、被相続人の親が相続人となります（民法889条1項1号）

オ　被相続人に子が無く、親も亡くなっている場合、兄弟姉妹が相続人となります（民法889条1項2号）。兄弟姉妹で亡くなっている方については、その子が代襲します（民法889条2項）

（3）法定相続分

各相続人の法定相続分は次のとおりです（民法900条）。

法定相続人と法定相続分

相続順位	法定相続人と法定相続分		
子どもがいる場合 （第1順位）	配偶者 1/2		子ども 1/2 を人数で分けます
子どもがおらず 父母がいる場合 （第2順位）	配偶者 2/3		父親 母親 1/3 を人数で分けます
子どもと父母が ともにおらず、 兄弟がいる場合 （第3順位）	配偶者 3/4		兄弟姉妹 兄弟姉妹 1/4 を人数で分けます

ア 子及び配偶者が相続人であるときは、子の相続分及び配偶者の相続分は、各
2分の1です。子が2人いる場合は、子の分を2等分します。例えば、相続人
が、妻、長男、二男の3人の場合、妻が2分の1、長男と二男が各4分の1と
なります。

イ 配偶者及び直系尊属が相続人であるときは、配偶者の相続分は、3分の2、
直系尊属の相続分は、3分の1です。例えば、相続人が、妻、父親、母親の3
人の場合、妻が3分の2、父親と母親が各6分の1となります。

ウ 配偶者及び兄弟姉妹が相続人であるときは、配偶者の相続分は、4分の3、
兄弟姉妹の相続分は、4分の1です。ただし、父母の一方のみを同じくする兄
弟姉妹の相続分は、父母の双方を同じくする兄弟姉妹の相続分の2分の1とな
ります。例えば、相続人が妻、兄、腹違いの妹の場合、妻が4分の3、兄が12
分の2、妹が12分の1となります。

2　単純承認、限定承認、相続放棄

　債務の相続には、**単純承認、限定承認、相続放棄**の３通りがあります。

ア　単純承認

　単純承認は、積極財産（プラスの財産）と消極財産（マイナスの財産）、すべてを相続するという方法で、原則的な相続の方法といえます（民法920条）。

　法的安定性の見地から、ある一定の場合には、当然に単純承認したものとして扱うという制度があります。それが、「**法定単純承認**」という制度です。法定単純承認が成立すると、相続人は、相続放棄や限定承認をすることができなくなります。

　法定単純承認は、以下の場合に成立します（民法921条）。

（ア）相続人が相続財産の全部又は一部を処分した場合

（イ）相続人が相続開始を知った時から３か月以内に相続放棄又は限定承認の手続きをしなかった場合

（ウ）相続人が相続財産の全部又は一部を①隠匿し、②私にこれを消費し、③悪意で相続財産の目録中に記載しなかった場合

イ　限定承認

　限定承認は、被相続人の債務がどの程度あるか不明であり、財産が残る可能性もある場合等に、相続人が相続によって得た財産の限度で被相続人の債務の負担を受け継ぐ制度です（民法922条）。

　限定承認をする場合は、自己のために相続の開始があったことを知った時から３ヶ月以内に、相続財産の目録を作成して家庭裁判所に提出し、限定承認をする旨を申述しなければなりません（民法915条１項、同924条）。相続人が数人あるときは、限定承認は、共同相続人の全員が共同してのみ、これをすることができます（民法923条）。

ウ　相続放棄

　相続放棄とは、相続人が被相続人の権利や義務を一切受け継がないとするもの

です（民法939条）。

　相続放棄をする場合は、自己のために相続の開始があったことを知った時から3ヶ月以内に、相続放棄をする旨を家庭裁判所に申述しなければなりません（民法915条1項、同938条）。

☑ 単純承認の場合の融資手続

　被相続人の債務について、判例によれば、金銭債権のような可分債務は相続開始と同時に当然に分割され、法定相続分に応じて各共同相続人に承継されることとなります。

　これは、積極財産のように、相続人の合意により自由に分割できるとすると、債務を無資力の相続人に集中させるなど、債権者が不利益を受けることになりかねないからです。したがって、融資債務は、本来は遺産分割協議の対象ではありません。

　しかし、実務上は、遺産分割協議書に債務の承継（相続）も記載されることが間々あります。銀行はこれを拒否して法定相続人に法定相続割合に従って請求することができます。

　もっとも、銀行は遺産分割協議の結果を認容することもできます。例えば、被相続人が賃貸マンションとその建設費用の借入債務を残して亡くなった場合、賃貸マンションを相続する人が建設費用の借入も相続するのが合理的であり、銀行の債権回収の観点からも好ましいと考えられます。その場合は、免責的債務引受という方法を用います。

　例えば、法定相続人が妻、長男、二男で、融資債務を長男1人が承継する場合、法的には相続の発生時（被相続人が亡くなった時）、融資債務は、妻2分の1、長男4分の1、二男4分の1で相続されます。

　このとき、妻及び二男が相続した債務を長男がすべて引受け、妻と二男は免責します。この免責的債務引受は、銀行と、融資債務を引受ける者、免責を受ける者の三者契約で行います。

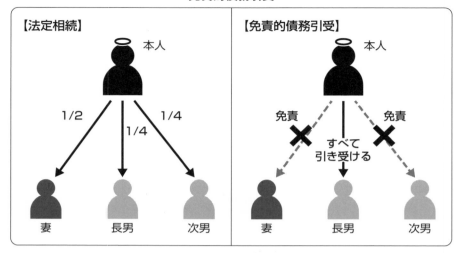

免責的債務引受

【法定相続】

本人

1/2　　　　　1/4
　　　1/4

妻　　　長男　　　次男

【免責的債務引受】

本人

免責　　　すべて　　　免責
　　　引き受ける

妻　　　長男　　　次男

　なお、被相続人の融資債務に保証人や物上保証人（第三者である担保提供者）がいる場合、銀行と相続人の間で免責的債務引受を行っても、保証人や物上保証人には当然にその効力が及ぶものではないことに注意をしてください。免責的債務引受の効力を保証人や物上保証人に及ぼすためには、保証人や物上保証人の同意を得る必要があります。

☑ 限定承認の場合の融資手続

　限定承認者は、限定承認をした後、5日以内に、すべての相続債権者及び受遺者に対し、限定承認をしたこと及び一定の期間内にその請求の申出をすべき旨を公告しなければなりません（民法927条）。

　銀行が、限定承認があったことを知った場合は、その定められた期間内に債権の申出をします。

　なお、限定承認がなされても、相続財産に対する相殺権や担保権は影響を受けませんし、保証人に対し保証債務の履行を請求することはできます。

☑ 相続放棄の場合の融資手続

　限定承認は、共同相続人全員が共同でしなければなりませんが、相続放棄は単独でできます。相続放棄がなされると、債務は残りの相続人が相続をすることになるので、債権者である銀行は単純承認をした残りの相続人を相手として、手続きをすることとなります。第1順位の相続人（子）が全員相続放棄をした場合は、第2順位の相続人である親が相続人となり、第2順位の相続人も全員が相続放棄をするか先に亡くなっている場合は第3順位の相続人である兄弟姉妹（その代襲相続人を含む）が相続人となります。配偶者を含むすべての相続人が相続を放棄した場合は、相続人の不存在となります。相続放棄の事実は、家庭裁判所の相続放棄申述受理証明書にて確認します。

☑ 相続人不存在の場合の融資手続

　相続人があることが明らかでないとき（相続人全員が相続放棄をした場合を含みます）は、相続財産は法人とされます（民法951条）。そして、その法人たる相続財産を管理するのが相続財産管理人です（民法952条1項）。

　相続財産管理人は、家庭裁判所が利害関係人（融資債権を有する銀行は利害関係人にあたります）又は検察官の請求により選任します（民法952条1項）。

　そして選任された相続財産管理人は相続人を捜索し、相続人がいなければ、売却できる相続財産は換価・換価価値のない相続財産は処分し、債権者には相続財産の中から債務を支払い（民法957条）、被相続人と特別に縁故があった者（特別縁故者）の請求により、特別縁故者に残余財産の全部又は一部を分与し（民法958条の3）、最後に残った財産は国庫に帰属させる手続きを行います（民法959条）。

　なお、相続人不存在の場合も担保権の実行は可能です（→41頁）。

関連する法律：民法（相続）882条以下、会社法、商業登記法

会社の代表者が亡くなった融資先に対してどのような手続きが必要ですか？

代表取締役不在の際の取扱い

> **Answer**
>
> 速やかに後任の代表取締役を選任してもらってください。代表者が不存在の場合、原則取引ができません。

・・・・・・・・・・・・・・・・・・・・・・**経営者の息子との対話**・・・・・・・・・・・・・・・・・・・・・・

代表取締役である父が亡くなりました。当社は、取締役が父のみで、株式もすべて父が保有していました。会社は私が継ごうと思います。遺産分割協議はまだ済んでいません。

遺産分割協議未了であれば、会社の株式は相続人全員の共有です。相続人全員が集まって株主総会を開き、後任の取締役及び代表取締役を選任してください。

・・

☑ 代表取締役の不在

　会社は、代表取締役が1名の場合と複数名いる場合があります。代表取締役が複数いる場合、各代表取締役は単独で会社を代表することができるので、他の代表取締役を代表者として取引を継続することができます。

　一方、代表取締役が1名しかいない会社の代表取締役が亡くなると代表取締役が不在となり、会社の業務執行者がいなくなります。そうすると、当該会社は取引先と契約ができなくなってしまい業務に大きな支障が生じます。銀行取引については、入出金さえできなくなってしまいます。したがって、速やかに後任の代表取締役を選任しないと、会社が倒産すらしかねませんので、速やかに、後任の代表取締役を選任しなければなりません。

　なお、銀行取引においては、経理部長等を代理人とする代理人選任届が提出されている場合は、代表取締役が不在となっても、かかる代理権が失効するわけで

はないので、代理権の範囲内で当該代理人と取引をして構いません。

☑ 後任の代表取締役の選任

1 代表取締役を取締役の互選で選出する会社の場合

取締役会設置会社の代表取締役は、取締役会の決議によって選定するのが原則です（会社法第362条2項3号）。

したがって、速やかに取締役会を開催し、新代表取締役を選任します。また、取締役会非設置会社でも、取締役の互選によって、取締役の中から代表取締役を選定すると定款に定めることが可能です。そのような会社の場合、亡くなった代表取締役以外に取締役がいる場合は、その取締役の互選で、新代表取締役を選任します。

2 代表取締役を株主総会で選出する会社の場合

小規模な会社の場合、代表取締役を株主総会で選出すると定款で定めている会社が多いです。この場合、速やかに株主総会を開催し、新代表取締役を選任します。

問題は、代表取締役が不在なので、株主総会の招集をする人がいないことです。ただし、適法な招集通知がなくても、株主全員が集まれば、全員出席総会として有効に株主総会を成立させることができます。

さらに問題なのは、株主が多数いる場合です。この場合は裁判所に仮代表取締役を選任してもらい、仮代表取締役に株主総会を招集してもらいます。

（1）株主総会招集権

株主総会の招集権者は、取締役会設置会社であれば取締役会であり、その決定を代表取締役が執行する形で招集します（会社法298条4項）。取締役会非設置会社であれば、取締役が招集を決定し（取締役が2人以上いる場合は過半数）、代表取締役設置会社の場合はその決定を代表取締役が執行する形で招集します。

（2）全員出席総会

　適法な株主総会の招集手続がなくても、株主全員がその開催に同意して出席したいわゆる全員出席総会において、株主総会の権限に属する事項につき決議したときは、その決議は有効に成立するとされています（最判昭和60年12月20日）。また、株主が1人しかいない、いわゆる「一人会社」においては、その1人の株主が出席すれば、招集の手続きがなくても、株主総会は成立するとされています（最判昭和46年6月24日）。

（3）仮代表取締役

　代表取締役が欠けた場合において、裁判所は必要があると認めるときは、利害関係人の申立てにより、一時役員の職務を行うべき者を選任することができると規定されています（会社法351条2項）。この規定により選任された代表取締役を仮代表取締役といいます。

　裁判所は、一般的に、仮代表取締役については、弁護士を選任しています。

　代表取締役の死亡により、後任の代表取締役を選任する株主総会を招集できない場合は、株主総会の開催を目的として仮代表取締役を選任する必要があります。

　銀行が利害関係人として、仮代表取締役の選任を裁判所に求めることもありますが、裁判所からは、予め仮代表取締役の報酬の予納を求められることになります。

後任の取締役選任方法

会社の形態	新代表取締役の選出方法			
取締役会 設置会社	取締役会で選出			
取締役会 非設置会社	定款で取締役の中から 代表取締役を互選		取締役の互選	
	株主総会の 決議で 代表取締役 を選出	他に取締役がいる		取締役が 株主総会を招集
		取締役が 不在	株主が同族等で 一同に集まれる	全員出席株主総 会で選出
			株主が一同に 集まることは困難	仮代表取締役を 裁判所が選任し、 仮代表取締役が 株主総会を招集

関連する法律：会社法

5-5 融資先が法人成りをする場合、どのような手続きが必要ですか？

個人事業主が法人成りをするときの手続き

> **Answer**
>
> 融資先が法人成りをする場合、法人が融資債務について免責的債務引受をし、法人の代表取締役（一般的には従前の個人事業主）に連帯保証をしてもらいます。

• • • • • • • • • • • **個人事業主との対話（質問者は個人客）** • • • • • • • • • • •

　今度、私の美容室を、株式会社の形態に変更し、私が代表取締役になります。

　では、開業資金として融資をした債務の残高は、新しい会社に免責的債務引受という方法で移したうえで、あなたはそれを連帯保証してください。

• •

☑ 事業会社に法人成りをする場合

　個人で商売をしている方に、事業資金を貸付している場合、その返済原資は当該事業の収益です。

　この貸付先の個人事業主が、**法人成り**をすれば、当該事業の収益は一次的には当該事業を引き継いだ法人に帰属することになるので、銀行としては以後の返済は当該法人から受けるべきです。一方で、法人の経営が厳しくなった場合、法人を倒産させ、銀行への返済義務を逃れようとすることを防ぐ必要があります。

　したがって、法人成りする場合は、一般的には融資債務については法人成りした**新会社が免責的債務引受**をすると同時に、従来の融資債務者であった**個人（新会社の経営者）の連帯保証**を受ける取扱いが一般的です。

☑ アパートローンの場合

　アパートローンの借入人から、節税対策として法人化をしたいとの申出を受けることもあります。

　その場合、次の2つの形態があります。

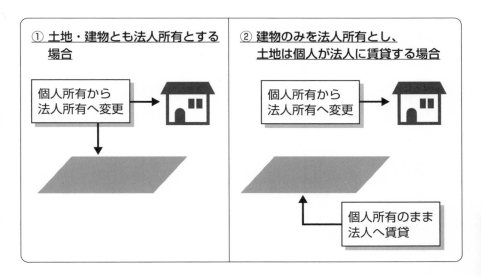

① 土地・建物とも法人所有とする場合

個人所有から法人所有へ変更

② 建物のみを法人所有とし、土地は個人が法人に賃貸する場合

個人所有から法人所有へ変更

個人所有のまま法人へ賃貸

　①の場合、土地・建物を法人が個人から買うこととなります。なお、アパートローンの場合、銀行は土地建物に抵当権を設定しています。抵当権者である銀行の承諾なく、抵当権を設定している土地建物を譲渡することは、一般的に期限の利益の喪失事由にあたりますので注意してください。

　また、②の場合、建物のみを法人所有とし土地は個人に残し、個人が法人に土地を賃貸する形態をとります。

　アパートローンには、土地・建物購入資金を融資しているケースと、従前からの土地所有者（地主）の土地活用として、銀行が建物資金のみを融資してアパートを建てているケースがあります。後者の場合、土地は先祖代々から所有していることが多く、取得価格が不明か、わかっても極めて低額なので、これを譲渡すると多額の売却益が発生し、それに所得税が課税されます。そこで、この場合は法人化する場合、法人に建物のみを譲渡し土地は個人が法人に貸すこととし、法人が個人に、地代及び給与（役員報酬）を支払う②の形態が一般的です。

なお、①②いずれの場合も、銀行としては、2つの方法があります。どちらの方法を選択したとしても、個人（従来の借入人＝法人の代表者）を連帯保証人とします。登録免許税は、（ア）貸出・返済の形態をとるよりも、（イ）免責的債務引受のほうが、はるかに安価です。

（ア）法人に新規に貸出し、個人への貸付は売買代金にて全額返済を受ける方法
（イ）法人が個人から免責的に債務引受を行う方法

☑ 留意事項

1　法人とは新規の取引であること

　法人成りした法人は、銀行にとっては新規取引先です。したがって、銀行取引約定書を締結するなど法人新規と同一の手続きが必要です。

2　抵当権の変更登記

　抵当権の登記には、債務者が登記事項の1つです。法人成りにともない免責的債務引受を行う場合、従前の抵当権を引き継ぐことは可能ですが、登記上の債務者を法人に変更しないといけません。その場合の登録免許税は1,000円です。

 知っておくと役立つ法律知識

☑ 免責的債務引受

　従前から**免責的債務引受**という概念は存在し、銀行実務でも使われていましたが、令和3年4月施行の民法改正で条文化されました。

> **（免責的債務引受の要件及び効果）**
> 第四百七十二条　免責的債務引受の引受人は債務者が債権者に対して負担する債務と同一の内容の債務を負担し、債務者は自己の債務を免れる。
> 2　免責的債務引受は、債権者と引受人となる者との契約によってすることができる。この場合において、免責的債務引受は、債権者が債務者に対してその契約をした旨を通知した時に、その効力を生ずる。
> 3　免責的債務引受は、債務者と引受人となる者が契約をし、債権者が引受人となる者に対して承諾をすることによってもすることができる。

　改正前民法には、債務引受に関する規定がありませんでしたが、判例・学説ともにこれを認めていました。債務引受には、債務者と引受人とが併存して債務を負う併存的債務引受と、引受人のみが債務を負い債務者が免責される免責的債務引受があると考えられていました。

　免責的債務引受がされると、引受人は債務者が債権者に対して負担する債務と同一の内容の債務を負担し、債務者は自己の債務を免れます（本条1項）。

　免責的債務引受は、債権者と引受人となる者との契約によってすることができますが（本条2項前段）、その場合、債権者が債務者に対してその契約をした旨を通知した時に、免責的債務引受の効力を生ずるものとされています（本条2項後段）。

　また、免責的債務引受は、債務者と引受人との合意によってもすることができますが、この場合には、債権者の承諾がなければ免責的債務引受の効力を生じないとされています（本条3項）。

　融資債務について免責的債務引受をする場合、第三者により抵当権が設定されているときは、設定者の承諾を得て付記登記を行わなければなりません（設定者の承諾がないと担保権は消滅します）。保証や質権についても設定者の承諾がないと消滅します。主債務者が誰かは、抵当権者、質権者、保証人にとっては極めて重要だからです。

第5章 貸出後の管理

関連する法律：民法（免責的債務引受）472条

5-6 会社のオーナーが変わります。何か手続きが必要でしょうか？

実質的支配者の概要

Answer

実質的支配者の変更手続を行います。

・・・・・・・・・・・・・・・・・・・・・経営者との対話・・・・・・・・・・・・・・・・・・・・・

 　当社の株は私が100％持っていますが、今度、A氏にすべて売却することにしました。ただし、社長は変更せず、私が今後も当社の経営にあたります。

 　金融機関は犯罪収益移転防止法により実質的支配者の確認が義務付けられています。そこで、実質的支配者の変更手続をお願いいたします。

・・

☑ 実質的支配者とは

実質的支配者とは、法人の事業経営を実質的に支配することが可能となる関係にある人物をいい、どのような人物が該当するかについては、融資先法人の事業形態により異なります。

株式会社についてざっくりいえば、その株式会社の50％超の株主か、該当がなければ25％超の株主です。パーセンテージの算出に際しては間接的な保有も含み、自然人まで遡ります。

銀行は、「犯罪による収益の移転防止に関する法律」により、顧客に確認することが義務付けられています。

☑ 実質的支配者リスト

株式会社の「**実質的支配者リスト（大株主情報）**」の保管・交付制度が令和4年1月31日から始まりました。

この制度は、株式会社（特例有限会社を含む。）が法務局の登記官に対し、当該株式会社が作成した実質的支配者に関する情報を記載した書面を所定の添付書面とともに提出し、その保管及び登記官の認証文付きの写しの交付の申出を行うことができることとするものです。

　リストの写しを、ある種の証明書（リストが公的機関に保管されていることを証明）として、取引先や金融機関等に提出するような活用が想定されています。

知っておくと役立つ法律知識

　犯罪収益移転防止法第4条1項4号は以下のように規定しています。

（取引時確認等）

第四条　特定事業者（第二条第二項第四十三号に掲げる特定事業者（第十二条において「弁護士等」という。）を除く。以下同じ。）は、顧客等との間で、別表の上欄に掲げる特定事業者の区分に応じそれぞれ同表の中欄に定める業務（以下「特定業務」という。）のうち同表の下欄に定める取引（次項第二号において「特定取引」といい、同項前段に規定する取引に該当するものを除く。）を行うに際しては、主務省令で定める方法により、当該顧客等について、次の各号（第二条第二項第四十四号から第四十七号までに掲げる特定事業者にあっては、第一号）に掲げる事項の確認を行わなければならない。

一～三　（略）

四　　　当該顧客等が法人である場合において、その事業経営を実質的に支配することが可能となる関係にあるものとして主務省令で定める者があるときにあっては、その者の本人特定事項

　上記「主務省令で定める者」は、犯罪収益移転防止法施行規則第11条で定められています。

　これをまとめると以下のとおりです。

主務省令で定める者

	事業形態	実質的支配者に該当する者
資本多数決法人	株式会社 有限会社 投資法人 特定目的会社 等	A：議決権が50％を超える個人が存在する場合（※1） 　⇒議決権が50％を超える個人のみ（※2）（※3） B：Aが存在せず、25％を超える個人が存在する場合（※1） 　⇒議決権が25％を超える個人すべて（※2）（※3） C：A、Bが存在せず、出資、融資、取引その他の関係を 　通じて事業活動に支配的な影響力を有すると認められ 　る個人が存在する場合 　⇒該当する個人 D：A、B、Cが存在しない場合 　⇒法人を代表し、その法人の業務を執行する個人 　　（代表取締役、等）
資本多数決法人以外の法人	合名会社 合資会社 合同会社 一般社団法人 一般財団法人 学校法人 医療法人 宗教法人 等	E：事業収益、事業財産の25％を超える配当等を受ける権 　利を有する個人（※3） もしくは F：出資、融資、取引その他の関係を通じて事業活動に支 　配的な影響力を有すると認められる個人 G：E、Fが存在しない場合 　⇒法人を代表し、その法人の業務を執行する個人 　　（代表社員、等）

※1：議決権の保有は「直接保有」の他、「間接保有」の場合も保有議決権とみなされます。
※2：実質的支配者は個人となりますが、国、地方公共団体、上場企業、その他子会社についても個人
　　とみなします。
※3：事業経営を実質的に支配する意思又は能力を有していないことが明らかな場合は、実質的支配者
　　に該当しません。

まず、株式会社のような資本金を出した金額で議決権数が左右される資本多数決法人と、出資額と議決権数が結びつかない資本多数決法人ではない法人とを分けて考えます。

　実質的支配者は個人です。また、1名とは限りません。

1　資本多数決法人

A：50％超を保有するオーナー（個人、上場企業等、以下同じ）がいれば、その人のみが実質的支配者です。

B：50％超のオーナーはいないが、25％を超えるオーナーがいれば、その人すべてが実質的支配者です。

C：AもBもいないが、事業活動に支配的な影響力を及ぼす個人がいればその人が実質的支配者です。

D：A、B、Cいずれもいない場合は、法人の代表者が実質的支配者です。

2　資本多数決法人以外の法人

E：25％を超える配当を受ける権利を有する個人がいれば、その人が実質的支配者です

F：事業活動に支配的な影響力を及ぼす個人がいれば、その人が実質的支配者です。

G：EもFもいない場合は法人の代表者が実質的支配者です。

関連する法律：犯罪収益移転防止法

5-7 融資先の企業が合併するようです。 どうすれば良いですか？

会社が合併することによる影響

> **Answer**
>
> 融資先が合併をする場合、銀行は異議を述べることができます。銀行が異議を述べた場合、原則、融資先は、返済するか担保を供する等の対応を行わなければなりません。

・・・・・・・・・・・・・ **経営者との対話** ・・・・・・・・・・・・・

 今度、A社を吸収合併することになりました。

 わかりました。銀行として、合併を認めるかを検討いたしますので、A社の決算書を提出してください。

☑ 融資先の合併による銀行への影響と対策

　銀行が融資をしていた会社の財務基盤が良好であったとしても、財務基盤が脆弱な会社と合併すると、合併後の新会社の財務基盤が脆弱になるかもしれません。そのような場合、銀行としては、合併したことにより融資債権の回収が困難になる恐れがあります。

　そこで、融資先企業が合併する場合、合併後の新会社について、返済力に懸念がないかを審査し、場合によっては融資金を回収すべきです。

　本来、融資は債務者である融資先に期限の利益があるので、期限の途中で全額返済を迫ることはできません。

　しかし、合併により返済を受けられなくなる危険がある場合は、会社法が規定する債権者異議手続により、返済期限前であっても、銀行は返済を受けるか、又は担保の供与を受けることができます。

☑ 合併の形態

合併には、**吸収合併**と**新設合併**とがあります。

吸収合併とは、会社が他の会社とする合併であって、合併により消滅する会社の権利義務の全部を合併後存続する会社に承継させるものをいいます（会社法2条27号）。

新設合併とは、2以上の会社がする合併であって、合併により消滅する会社の権利義務の全部を合併により設立する会社に承継させるものをいいます（会社法2条28号）。

吸収合併と新設合併

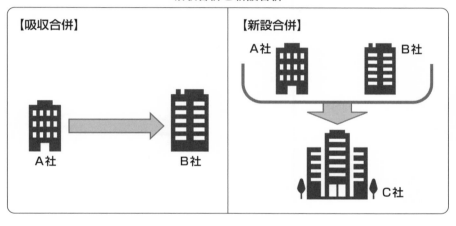

☑ 債権者異議手続

合併は、相手方当事者の経営状況が悪いときは、債権回収が困難となる危険が増大することにより、他方当事者の債権者に不利益を与えることになるので、会社法は**債権者の異議手続**を定めています（債権者保護手続ともいいます）。

例えば、A社は、技術力は高いものの、業績・資産状態が悪いとします。他方A社を吸収合併しようとしているB社は業績が良く、資産状態も良好とします。

このような場合、B社はA社を吸収合併することで、A社の債務や不良資産を引き継ぐことになり、資産状態が悪化してしまいます。そうすると、B社に融資をしていた銀行は、B社の業績が良かったから貸していたにもかかわらず、勝手にB社がA社を合併してしまうことによりB社の業績や資産状態が悪化するため、

融資の返済が滞ってしまうリスクを負うことになってしまいます。

　このリスクから債権者を保護するために、債権者に対し「合併をしますよ」という知らせを行い、債権者が「合併するのは困ります。それでも合併するのであれば、貸したお金を返して下さい。」という機会を作ることを定めたのが債権者異議手続です。

債権者異議手続

　債権者異議手続の具体的手順は次のとおりです。

（1）公告

　会社法が定める事項を**官報**に**公告**します（会社法789条2項、799条2項、810条2項）。公告の内容は次のとおりです。

①合併をする旨
②合併の相手会社の商号及び住所
③当事会社の計算書類に関する事項として法務省令で定めるもの
④一定の期間内（1ヶ月以上）に異議を述べることができる旨

（2）個別の催告

官報による公告とは別に、知れている債権者には、各別にこれを催告しなければなりません（会社法789条2項、799条2項、810条2項）。これにより、合併をする場合は、融資を受けている銀行には必ず個別の催告をすることとなります。

ただし、官報公告に加えて、定款の定めに従い日刊新聞紙による公告又は電子公告をした場合は、債権者に対する各別の催告を省略することができます（会社法789条3項、799条3項、810条3項）。

（3）債権者に対する弁済など

債権者が異議を述べたときは、会社は債務を弁済するか、相当の担保を提供するか、弁済に充てる目的で信託会社に相当の財産を信託しなければなりません（会社法789条5項、799条5項、810条5項）。

なお、債権者が催告の期間内に異議を述べなかったときは、当該合併を承認したものと見なされます（会社法789条4項、799条4項、810条4項）。

ただし、合併が当該債権者を害する恐れがない場合はこの限りではありません（会社法789条5項ただし書、799条5項ただし書、810条5項ただし書）。債権者を害する恐れがないか否かは、債権額、弁済期等を考慮して判断されます。

合併の登記に際しては、合併をしても当該債権者を害する恐れがないことを証する書面を添付する必要がありますが（商業登記法80条3号、81条8号）、登記官には形式的審査権限しかありません。そこで、異議を述べた債権者で会社の措置に不満がある者は合併無効の訴え（会社法828条）を提起して争うこととなります。

関連する法律：会社法、商業登記法

5-8 融資先が会社分割を行うとのことです。どうすれば良いですか？

会社分割の概要と注意点

> **Answer**
>
> 融資先が会社分割をする場合、銀行が分割会社に対し債務の履行を請求できなくなる場合は異議を述べることができます。銀行が分割会社に対し債務の履行を請求できる場合は異議を述べることはできませんが、分割会社が残存債権者である銀行を害することを知って会社分割をした場合には、銀行は、承継会社・設立会社に対して、承継した財産の価額を限度として債務の履行を請求できます。

・・・・・・・・・・・・・・・・ **経営者との対話** ・・・・・・・・・・・・・・・・

 今度、不動産事業部門を新設するＡ社に分割することにしました。

 Ａ社の株主は誰になるのでしょうか。

 いわゆる人的分割ですので、Ａ社の株主は当社と同様に100％私です。

 わかりました。そうであれば、当行は債権者異議手続の対象ですので、銀行としてそれを認めるかを検討いたします。

・・

☑ 会社分割とは

1 吸収分割と新設分割

　会社分割とは、株式会社又は合同会社が、その事業に関して有する権利義務の全部又は一部を、分割後既存の他の会社（承継会社）、又は分割により設立する会社（設立会社）に承継させることをいいます。

このうち、既存の他の会社（承継会社）に承継させる方法を**吸収分割**といい、分割により設立する会社（設立会社）に承継させる方法を**新設分割**といいます。

会社分割

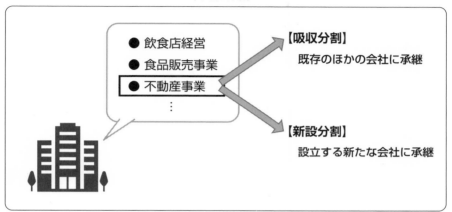

- 飲食店経営
- 食品販売事業
- 不動産事業
  ⋮

【吸収分割】
既存のほかの会社に承継

【新設分割】
設立する新たな会社に承継

2 事業譲渡との違い

事業譲渡では、取引先、業務委託先等との各契約について移転手続が必要ですが、会社分割の場合には、分割対象事業に関する外部との契約は原則として承継会社にそのまま承継され、個別の移転手続が不要となるのが大きな違いです。詳細は184頁を参照ください。

☑ 債権者保護手続

1 分割対価

分割会社は、会社分割の際に、承継会社・設立会社からその分割対価を受けます。分割対価は、その会社の株式、金銭などが一般的です。

分割会社は分割対価を受けるので、分割会社に対し債務の履行を請求する者は害されないとするのが基本的な考え方です。

2　債権者異議手続

　会社分割にも、債権者異議手続が定められています。まず、官報による公告が必要な点は、合併と同じです。

　ただし、異議を述べることができるのは次の者に限られます。

1．分割会社の債権者のうち会社分割後に分割会社に対し債務の履行を請求できなくなる者

（会社法789条1項2号、810条1項2号）

2．分割会社が分割対価である株式等を株主に分配する場合における分割会社の債権者

いわゆる人的分割の場合です。

人的分割とは、合併対価として分割会社が得る承継会社、又は新設会社の株式を剰余金の配当として、分割会社の株主に分配する方法をいいます。グループ内の子会社で事業を移転させる場合や、事業を新会社に移して兄弟会社を作る場合などです（会社法789条1項2号、810条1項2号の各括弧書き）。株式を剰余金の配当として分割会社の株主に分配するので分割会社に債務の履行ができる債権者も害される恐れがあります。

3．承継会社の債権者

承継会社の債権者は、吸収合併の債権者と同じ立場なので異議を述べることができます（会社法799条1項2号）。

☑ 濫用的会社分割

1　濫用的会社分割とは

　会社分割には、採算部門や優良資産を承継会社ないし新設会社に承継させ、不採算部門だけを残した既存の会社（分割会社）を清算することにより採算部門を生き残らせる手段とする濫用的な使い方をされることがあります。

　銀行からみれば、優良資産を見込んで融資をしたのに、優良資産が承継会社ないし新設会社に移り、融資先には不採算部門だけが残っては融資金が回収できな

くなってしまう恐れがあります。

2　濫用的会社分割に関する規制

　分割会社に対し債務の履行をできる債権者は、分割会社が承継会社・設立会社から移転した純資産の額に等しい対価を取得するはずであるとの考えから、会社分割に対し、異議を述べることはできませんでした。

　しかし、このような分割会社に対してのみ請求できる債務の債権者（残存債権者）を害する意図を持った**濫用的会社分割**が頻発しました。

　そこで、会社法の平成26年改正時に、分割会社が残存債権者を害することを知って会社分割をした場合には、残存債権者は、承継会社・設立会社に対して、承継した財産の価額を限度として債務の履行を請求できる旨の規定が設けられました（会社法759条4項ないし7項、761条4項ないし7項、764条4項ないし7項、766条4項ないし7項）。

濫用的会社分割への規制

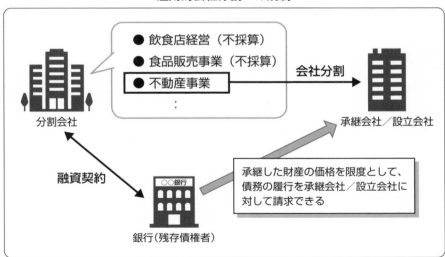

関連する法律：会社法

5-9 融資先が事業譲渡を行う場合、どうすれば良いですか？

会社が事業譲渡する際の注意点

> **Answer**
>
> 事業譲渡は、会社分割と異なり、債権者異議手続がありません。そこで、融資先が債務免脱目的で事業譲渡をした場合は、期限の利益を喪失させ全額の返済を求める等の対処を検討する必要があります。
>
> また、融資先が事業の譲渡を受ける場合、銀行としては、それにより経営悪化の危険がないかをチェックすべきです。

・・・・・・・・・・・ **経営者との対話** ・・・・・・・・・・・

 　今度、同業のA社から、A社の関西での営業部門を、譲渡されることになりました。

 　わかりました。まずは事業譲渡契約書を提出してください。

・・・

☑ 事業譲渡とは

　事業譲渡とは、会社が営む事業の全部又は一部を他の会社に譲渡する行為をいいます。事業とは、一定の事業目的のために組織化され、有機的一体として機能する財産をいいます。

　事業譲渡においては、会社分割と異なり、対象事業に関連する権利義務関係は、当事者間の契約により個別に引き継ぐ必要があり、従業員との雇用契約についても譲渡会社との同意に加え、従業員の同意も取得する必要があります。事業譲渡において、譲受人が譲渡人の資産・債務・契約上の地位等のうち、どの部分を引き継ぐかは契約によります。

☑ 銀行としての注意事項

　事業譲渡も会社分割も、会社間で特定の事業を他社に移すための手段ですが、会社分割と異なり、事業譲渡は、官報公告が不要であり、債権者保護手続もなく、登記も不要ですので、手続上は手軽だといえます。

　その反面、銀行からみれば、銀行の知らないところで、融資先が事業譲渡を行っている可能性もあり注意が必要です。融資先が債務免脱のために優良な事業を第二会社に譲渡しようとした場合、会社分割のように債権者異議手続がないので、これを止める法的な手続きがありません。そこで、銀行は融資先が債務免脱目的で事業譲渡をしようとしているとの情報をキャッチした場合は、銀行取引約定書による期限の利益の請求喪失事由である「債権保全を必要とする相当事由が生じたとき」に該当するとして、期限の利益を喪失させ全額の返済を求める等の対処をすることになります。

　また、融資先が事業譲渡を受ける立場の場合、それにより融資先の財務基盤が毀損しないかをチェックすべきです。そのために、融資先から譲渡を受ける事業の内容がわかる資料の提出を受ける必要があります。

☑ 事業譲渡と会社分割の違い

　事業譲渡と会社分割の法的な違いは以下のとおりです。

	事業譲渡	会社分割
権利・義務・契約上の地位の移転	個別承継 （対抗要件も個別に具備）	包括承継
官報公告	不要	必要
登記	なし	あり
債権者異議手続	定めなし	必要
労働契約の取扱い	承継されない （従業員が移る場合は、退職・採用手続）	労働契約承継法にて承継
承認手続	全部又は重要な一部の場合、株主総会の特別決議	株主総会特別決議

関連する法律：会社法

5-10 保証人に融資の残高を教えても良いですか？

保証人への情報開示

> ### Answer
> 融資債権者である銀行には、主たる債務の履行状況に関する情報の提供義務があるので、融資の保証人から保証した融資の残高を聞かれた場合は答えないといけません。

・・・・・・・・・・ 住宅ローン利用者の妻との対話 ・・・・・・・・・・

 私が保証人となっている夫名義の住宅ローンの残高を教えてください。

 わかりました。ご本人様であることの確認が必要なので、印鑑証明書をご用意のうえ、実印と運転免許証等の顔写真付き本人確認書類をもってご来店ください。

☑ 本人確認をしたうえで開示する

　保証人が保証した債務の残高を知りたがる場合、保証人と主債務者との間に何らかの紛争が生じている可能性があります。

　しかし、次頁で後述のとおり、融資債権者である銀行には、主たる債務の履行状況に関する情報の提供義務があります。したがって、紛争に巻き込まれるリスクがあるからといって、保証人に主たる債務の残高や履行状況の開示を断ってはいけません。

　ただし、主たる債務の残高や履行状況は秘匿性の高い情報なので、保証人本人からの依頼であることを厳格に確認しましょう。

☑ 主たる債務の履行状況に関する情報の提供義務

令和2年4月施行の民法改正で、保証について、債権者に情報提供義務が課されました。その概要は以下のとおりです。

1 主たる債務の履行状況に関する情報の提供義務

（主たる債務の履行状況に関する情報の提供義務）

第四百五十八条の二　保証人が主たる債務者の委託を受けて保証をした場合において、保証人の請求があったときは、債権者は、保証人に対し、遅滞なく、主たる債務の元本及び主たる債務に関する利息、違約金、損害賠償その他その債務に従たる全てのものについての不履行の有無並びにこれらの残額及びそのうち弁済期が到来しているものの額に関する情報を提供しなければならない。

（1）趣旨

保証人としては主たる債務者の履行状況について関心がありますが、令和2年4月施行の民法改正の前は、保証人が債権者に主たる債務者の履行状況について問い合わせをした場合、その回答義務があるのか不明確でした。そこで、守秘義務を理由に、回答されないことも多くありました。改正法では、保証人の請求による主たる債務の履行状況に関する債権者の情報提供義務を明記することにより、この問題の解決を立法的に図りました。

（2）対象

保証全般です。個人、法人は問いません。

ただし、保証人が主たる債務者の委託を受けていないにもかかわらず保証をした場合は対象外です（しかし、そのようなケースは滅多にありません）。

（3）義務の内容

債権者である銀行は、委託を受けた保証人から請求があったときには、保証人に対し、遅滞なく、①不履行の有無、②債務の残額、③債務のうち履行期限が到

来しているものの額、について情報を提供しなければなりません。

（4）効果

　保証人の請求による主たる債務の履行状況に関する情報提供義務の違反の効果
は、民法では規定されていません。したがって、債務不履行一般の規定に従い、
損害賠償及び保証契約の解除が考えられます。

2　主たる債務者が期限の利益を喪失した場合の情報提供義務

> （主たる債務者が期限の利益を喪失した場合における情報の提供義務）
> 第四百五十八条の三　主たる債務者が期限の利益を有する場合において、その利
> 　　　　　　益を喪失したときは、債権者は、保証人に対し、その利益の喪失を知っ
> 　　　　　　た時から二箇月以内に、その旨を通知しなければならない。
> 2　前項の期間内に同項の通知をしなかったときは、債権者は、保証人に対し、
> 　　　　　　主たる債務者が期限の利益を喪失した時から同項の通知を現にするまで
> 　　　　　　に生じた遅延損害金（期限の利益を喪失しなかったとしても生ずべきも
> 　　　　　　のを除く。）に係る保証債務の履行を請求することができない。
> 3　前二項の規定は、保証人が法人である場合には、適用しない。

（1）趣旨

　分割返済の場合、通常、弁済を怠ると債務者は期限の利益（弁済期日まで支払
わなくて良いという利益）を喪失し、全額を速やかに弁済しなければならなくな
ることが契約で規定されています（→226頁）。主たる債務者が弁済を怠り、この
期限の利益を喪失した場合、以後元本金額に対して遅延損害金の支払い義務が生
じてしまいます。

　そこで、保証人が知らないうちに、保証債務が遅延損害金で膨張することを防
ぐのが、主たる債務者が期限の利益を喪失した場合の情報提供義務の目的です。

（2）通知義務の要件

通知義務の要件は、下記の2つがあります。

①主たる債務者が期限の利益を喪失したこと

②保証人が法人でないこと

（3）義務の内容

債権者である銀行は、主たる債務者が期限の利益を喪失したことを知った時から2ヶ月以内に、保証人に対し、その旨を通知しなければなりません。

（4）効果

債権者が保証人に対して、上記通知をしなかった場合は、その後に債権者が実際にその旨の通知をした時までに生じた遅延損害金について、保証人に対し保証債務の履行を請求することができません。

ただし、期限の利益を喪失しなかったとしても生じた遅延損害金（分割返済の約定に基づく遅延損害金）については、債権者は、保証人に対し保証債務の履行を請求することができます。

関連する法律：民法458条の2（主たる債務者の履行状況に関する情報の提供義務）、民法458条の3（主たる債務者が期限の利益を喪失した場合における情報の提供義務）

5-11 住宅ローンを借りている方から離婚をするとの申出がありました。どうすれば良いですか?

住宅の居住者とローンの返済義務者

Answer

離婚後に当該住宅に居住する人＝離婚後にローンの返済義務を負う人とするようにアドバイスしてください。

・・・・・・・・・・・・・ 住宅ローン利用者の妻との対話 ・・・・・・・・・・・・・

　離婚予定です。夫名義で住宅ローンを借りていますが、住宅は財産分与で妻である私のものとする予定です。住宅ローンはどうすればよろしいでしょうか。

　奥様もお仕事をされていらっしゃるので、奥様名義でローンを組むのが良いと思います。審査手続きをご案内いたします。

・・・

☑ 住宅の居住者と返済義務を負う人は同一人物にすべき

　住宅ローンを借りている人が離婚をする場合、その家とローンをどうするのかは大問題です。

　この点については、「離婚後に当該住宅に居住する人＝離婚後にローンの返済義務を負う人」とすべきです。

　その家に居住しているからこそ、住宅ローンを返済するインセンティブがあるのです。夫名義で住宅ローンを借りている夫婦の妻が、離婚時に夫に住宅ローンの返済を継続することを約束させ、住宅の名義のみ妻に変更することがありますが、これは極めて危険です。同様に住宅の名義は夫にしたままで妻が住み続けるケースもありますが、これも危険です。

　なぜなら、離婚後、当該住宅に住まなくなった夫が返済を滞らせ、延滞となり、最終的に銀行としては抵当権を行使し、住宅を任意売却又は競売にせざるを得なくなるリスクが大きいからです。

☑ 離婚後の住宅居住者と収入に応じた対応

　住宅の居住者と返済義務を負う人は同一人物にすべきといっても、離婚後に返済義務を負う者が、返済能力があるかという問題があります。

　A・B夫妻が離婚する場合、離婚後に同じ住宅に住むことを希望する人と収入との関連に応じて、以下の対応とすべきです。

住宅ローン利用者が離婚した場合の銀行としての対応

離婚前の借入人名義	離婚後の住宅居住希望者	収入	銀行としての対応
A	A	―	特になし
A	B	Bの収入で返済可能	B名義で新規に貸し出す、又はAの債務をBに免責的債務引受をさせる
A	B	Bの収入では返済無理	銀行としては応じられない。売却をすすめる
AB連帯債務	A	Aの収入で返済可能	Bを債務免除する
AB連帯債務	A	Aの収入では返済無理	銀行としては応じられない。売却をすすめる
AとBが各々借入相手方が連帯保証	A	全額をAの収入で返済可能	Bの債務をAに免責的債務引受をさせる
	A	全額をAの収入では返済無理	銀行としては応じられない。売却をすすめる

☑ 離婚時の財産分与

　離婚時には、**財産分与**を行います。財産分与とは、夫婦が離婚する際に、一方が他方に対し、財産の分与を求めることをいいます（民法768条1項）。

　民法では**夫婦別産制**を基本としており、民法762条1項は、「夫婦の一方が婚姻前から有する財産及び婚姻中自己の名で得た財産は、その特有財産（夫婦の一方が単独で有する財産をいう。）とする」と規定しています（→212頁）。

　しかし、離婚においては、夫婦間の経済的公平を図るため婚姻中に自己の名で得た財産であっても、夫婦が協力して築いた財産については共有財産として認め、一定額の財産給付を求めることができるとするのが財産分与の制度です。

　そこで、離婚をする夫婦は、離婚時の名義にかかわらず、どの財産をどちらが取得するのか協議をします。夫婦間で協議が成立しない場合は、家庭裁判所に調停を申立て、調停でも合意できない場合は、家庭裁判所の審判に移行します。

　ただし、当事者間の協議で分与できるのはプラスの財産のみです。ローン等の債務は、当事者間で誰が引き継ぐかを決めることはできません。債務者を変更したり、夫婦で連帯債務であったものを片寄せしたりする場合は、債権者である銀行の承諾が必要です。

関連する法律：民法762条（夫婦間における財産の帰属）、民法769条（財産分与）

第**6**章

債 権 回 収

返済遅延のリスクを
正確に理解してもらうために
必要な法律知識

融資先の返済が延滞しています。売掛金を差押えできますか?

差押えの種類と手続き

Answer

強制執行として差押えを行うためには債務名義が必要です。債務名義を取得するには、原則、裁判手続を経ないといけません。したがって、銀行は債務者が延滞したからといって、直ぐに売掛金を差押えることはできません。

・・・・・・・・・・・・・・・ **経営者との対話** ・・・・・・・・・・・・・・・

経営が厳しいです。延滞が続くとどうなりますか。

抵当権を設定していただいている本社ビルを差押えさせていただかざるを得ません。

・・・

☑「差押え」にはいろいろな種類がある

「**差押え**」には、強制執行としての差押え、抵当権に基づく差押え、国税徴収法に基づく差押え、仮差押えがあります。

1 強制執行としての差押え

「差押え」として一番オーソドックスなのは、民事執行法に基づく**強制執行としての差押え**です。強制執行としての差押え対象財産の代表的なものは以下のとおりです。

・不動産	:債務者が保有する土地や建物
・売掛金債権	:債務者の取引先（第三債務者）から回収見込みの債権
・給与債権	:債務者の雇用主（第三債務者）から受領予定の給与

これには、判決などの債務名義（→199頁）が必要です。したがって、融資の返済がないからといって、裁判手続等を経ないで銀行が差押えをすることはできません。

強制執行としての差押え

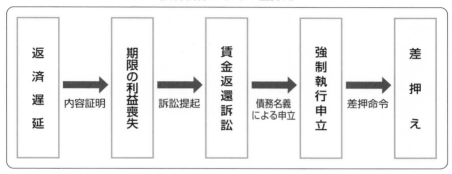

2 抵当権に基づく差押え

抵当権に基づく差押えには、当該不動産を競売するための差押えと、当該不動産から賃料収入がある場合の賃料差押えがあります（→249頁）。

抵当権に基づく差押えの対象は、抵当権が設定された不動産及びそこから生じる賃料債権です。

抵当権に基づく差押え

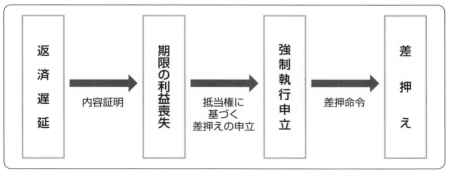

3　国税徴収法に基づく差押え

　税金や社会保険料を滞納した場合、**国税徴収法に基づく差押え**がなされます。これは強制執行としての差押えと異なり、裁判手続が要りません。

4　仮差押え

　仮差押えとは、金銭債権の執行を保全するために、債務者の財産の処分に一定の制約を加える裁判所の決定をいいます（→200頁）。差押えとは異なり、これにより直接回収することはできませんが、債務名義は不要です。

　仮差押えの対象財産として代表的なものは、強制執行としての差押えの対象財産と同じです。ただし、仮差押えの場合、債務者が不動産（オーバーローンの場合を除く）を持っている場合は、不動産を優先しないといけません。

「差押え」の対象財産

	種類	対象財産
1	強制執行	・不動産 ・売掛金債権 ・給与債権
2	抵当権	・抵当権が設定された不動産 ・抵当権が設定された不動産から生じる賃料債権
3	国税徴収法	金銭的価値があり換価処分により税に充てることが可能なもの （不動産、給与、預貯金、有価証券、家賃収入など）
4	仮差押え	・不動産 ・売掛金債権 ・給与債権

☑ 銀行の債権回収手段としての「差押え」

（1）前提 ― 期限の利益の喪失

　銀行が融資先に対して差押え等を行うのは、単に延滞が生じただけではなく、期限の利益を喪失させてからです（→226頁）。したがって、1回返済が滞ったからといって差押えをすることはありません。

（2）抵当権があればそれに基づく差押え

　融資先が期限の利益を喪失した場合、銀行が抵当権を有していれば、抵当権に基づく回収を図ります。

　その場合、抵当不動産を差押えて、競売にかけても良いですが、賃料を差押え、賃料から返済を受けるのも1つの方法です（→249頁）。

（3）抵当権がない場合

　銀行としては、融資先が財産を散逸する危険がある場合は、仮差押さえを検討します。当然ながら、仮差押えをする財産が融資先にないと仮差押えをする意味がありません。

　また、差押える財産がある場合は、訴訟を提起し、勝訴判決（債務名義）を得て差押えをすることも検討します。

 知っておくと役立つ法律知識

☑ 強制執行としての差押えの概要

　強制執行は**債務名義**（→199頁）により行います（民事執行法22条）。

　強制執行の手順を、対象財産ごとに説明します。

（1）不動産に対する強制執行

　不動産に対する強制執行は、強制競売又は強制管理の方法により行いますが（民事執行法43条）、多くは**強制競売**です。

　執行裁判所が強制競売の手続きを開始するには、強制競売の開始決定をし、そ

の開始決定において、債権者たる銀行のために、不動産を差押さえる旨を宣言します（民事執行法45条1項）。

（2）売掛金債権・給与債権に対する強制執行

　売掛金や給与等債権に対する強制執行は、執行裁判所が差押命令を発し、その差押命令において、債務者たる融資先に対し債権の取立てその他の処分を禁止し、かつ、第三債務者（その債権の債務者）に対し、債務者への弁済を禁止します（民事執行法145条1項）。債権者たる銀行は差押えた後、第三債務者に対し取立を行います。

売掛金や給与等債権に対する強制執行

☑ 債務名義とは

強制執行を行うためには、債権者としては債務名義を得ておく必要があります。債務名義には以下のものがあります（民事執行法22条）。

---

① **裁判所の確定判決**

第一審判決は、判決が送達された日から２週間以内に控訴がない場合、確定します。

② **仮執行宣言のある判決**

第一審で判決が下されても、控訴されることがあります。その場合、判決は確定しませんが、第一審の判決に仮執行宣言が付いている場合、これを債務名義として強制執行ができます。

③ **裁判所の和解調書**

裁判途中で和解にて解決した際、この内容を裁判所が記した書面を和解調書といいます。

④ **調停調書**

民事調停や家事調停での合意を裁判所が記した調書です。

⑤ **執行調書**

金銭の一定の額の支払い又はその他の代替物若しくは有価証券の一定の数量の給付を目的とする請求について公証人が作成した公正証書で、債務者が直ちに強制執行に服する旨の陳述が記載されているものを執行証書といいます。

⑥ **仮執行宣言付支払督促**

支払督促とは、債権者の申立てによって簡易裁判所が債務者に支払いを督促する手続きです。支払督促は、書面を送るだけの手続きですが、相手が異議を申立てなければ仮執行宣言の申立てができます。

関連する法律：民法、民事執行法、民事保全法、国税徴収法

仮差押えとはどのような手続きですか？

仮差押え手続きの概要

> **Answer**
>
> 仮差押命令は、債権者が、被保全権利が存在することと、保全の必要性を裁判所に申述し、疎明することにより裁判所より発せられます。なお、仮差押命令が発せられるには、債権者が担保を法務局に供託しないといけません。また、仮差押えは期限の利益の請求喪失事由です。

━━━━━━ 経営者との対話 ━━━━━━

御社の預金に対する仮差押命令が裁判所からきました。このままだと融資について期限の利益を喪失せざるを得ません。早急に仮差押解放金を法務局に供託して、仮差押えの執行を停止させてください。

わかりました。弁護士と相談します。

☑ 仮差押命令とは

　債権者が債務者の財産を差押えるには、「判決」のような債務名義（→199頁）が必要です。しかし、債権者が債務名義をとるためには、時間を要するために、この間に債務者が財産を散逸させたり隠したりする可能性があり、あとで、債務名義を得て、差押えをしようとしても、債務者に財産がなく差押えが事実上できないことがあります。

　そこで、債権者は債務名義がなくても、予め裁判所に申立てて、第三債務者である銀行（預金の場合）や取引先（売掛金の場合）に債務者への支払いに応じないよう将来の執行を保全するための手続きが**仮差押え**です（民事保全法20条）。

　もっとも、預金や売掛金などの債権を仮差押えすると債務者の資金繰りに悪い

影響を与えますし、また、信用不安を起こす危険があります。そこで、オーバーローンではない不動産を債務者が保有している場合は、不動産を優先して仮差押えをしないといけません。不動産を仮差押えすると、その旨が登記されます。

☑ 融資先が仮差押命令を受けた場合

　仮差押えは、一般に、期限の利益の請求喪失事由（→229頁）です。

　一方で、必ずしも資力がないわけではないにもかかわらず、仮差押命令が発せられてしまう場合もあります。

　そのため、融資先の預金が仮差押命令を受けた場合、債権者である銀行は、次の図のように、融資先に対して、**仮差押解放金**を供託し、仮差押解放金供託による仮差押執行取消申立を行い、執行取消決定を得るように促します。

　ここで、供託所とは、金銭や有価証券などを渡して預かってもらう国家機関のことで、一般に法務局、地方法務局及びその支局を指します。

資力のある融資先が仮差押命令を受けた場合

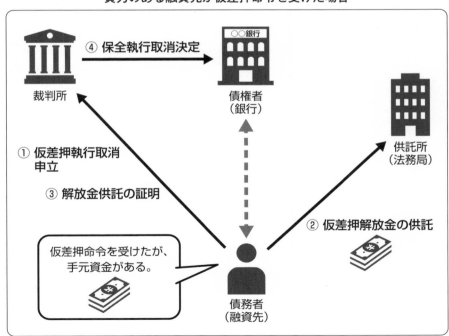

知っておくと役立つ法律知識

☑ 仮差押えの申立と効力発生時期

1 仮差押えの申立

　仮差押えは、目的物の所在地の裁判所か、又は、本案、つまり裁判を提起する場合の裁判所に対して申立をします（民事保全法12条）。

　仮差押命令の申立は、保全しようとする権利（被保全権利といいます）と、仮差押えをする必要性（保全の必要性）とを申述し、これを疎明する必要があります（同法13条）。

　疎明により仮差押えを認めてよいと裁判官が判断すると、担保金の額を決定し（同法14条）、この保全命令の担保金の提供が終了すると、裁判所は決定で仮差押命令を発します。

2 効力の発生時期

　仮差押命令は差押命令と同様に、職権により債務者および第三債務者に送達されます。仮差押命令の効力が生ずるのは、第三債務者に送達されたときです。

関連する法律：民事保全法

最高裁、高裁、地裁、家裁、簡裁

　日本の裁判所には、最高裁判所、高等裁判所、地方裁判所、家庭裁判所、簡易裁判所が存在します。

　また、日本の裁判は三審制といい、裁判において確定までに上訴することができる裁判所が2階層あって、裁判の当事者が希望する場合、合計3回までの審理を受けることができます。

　民事訴訟において、この三審制を図にすると以下のとおりです。

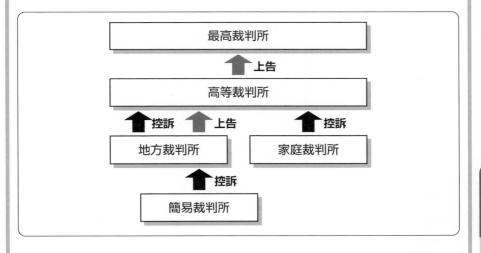

　民事訴訟の場合、原則として訴額が140万円以下の場合、最初は簡易裁判所に訴訟提起します。その場合、第二審が地方裁判所で、第三審は高等裁判所です。

　訴額が140万円を超える場合は、地方裁判所に訴訟を提起します。その場合、第二審が高等裁判所で、第三審は最高裁判所です。ただし、最高裁判所に上告ができるのは、判決に憲法の解釈の誤りがあることその他憲法の違反があることを理由とするときに限られるのが原則です（民事訴訟法312条1項）。

　なお、離婚や相続など、家事事件については、家庭裁判所が第一審の裁判所になります。

第6章

債権回収

A社が倒産するそうです。融資債権はどうなりますか?

倒産する際の債務者の対応

> **Answer**
>
> A社が倒産をするとA社から任意に返済してもらえないので、担保処分をし、また保証人に請求します。

・・・・・・・・・・・・・ **経営者との対話** ・・・・・・・・・・・・・

 倒産する場合、裁判所に破産申立てをしないといけませんか。

 倒産には大きく分けて、法的整理と私的整理があります。破産は法的整理の代表格です。法的整理、私的整理とも、複数の手続きがあるため、どの手続きをとるかは弁護士に相談して決めると良いでしょう。

・・

☑ 倒産とは

倒産という言葉は、法律上の用語ではありません。日本語として、個人や法人などの経済主体が経済的に破綻して、弁済期にある債務を弁済できなくなり、経済活動をそのまま続けることが不可能になることをいいます。

倒産状態に陥った際、債務者には、次の2つの対応があります。

①　倒産状態を放置し廃業する
②　何らかの手段で債務を整理し、負債を圧縮する

①の代表例は"夜逃げ"ですが、今の時代、借金を返せず姿をくらます人はそうはいません。実際に逃げるわけではなく、ただ払わないという対応です。払わなければ、銀行その他の債権者から裁判を起こされますが、民事訴訟に負けても、

強制執行により失う財産がなければ困ることがなく、命がとられるわけでもないという割り切りです。

②の債務整理とは、何らかの手段で、債務を整理し、負債金額を圧縮することをいいます。これにはさらに、それぞれの根拠法に従い、裁判所の関与の下に行われるⒶ法的整理と、Ⓑ裁判所が関与しない私的整理があります（→238頁）。

倒産の種類

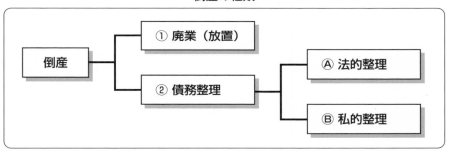

☑融資先倒産時の債権回収

融資先が倒産した場合は、当然ながら当該融資先からの任意の返済を受けることはできません。そこで銀行としては、担保を処分し回収を図る一方で、保証人に請求をします。

ただし、経営者保証については、経営者保証ガイドラインにより、ガイドライン上の必要な手続きを踏んだ場合、保証人たる経営者は債権者に対して「残存財産」を除くすべての資産を処分・換価し、得られた金銭でそれぞれの債権者の債権の額の割合に応じて弁済を行うことによって、その余の保証債務について免除をすることになります（→92頁）。

☑融資先倒産時の会計上の処理

融資先が倒産した場合、銀行は会計上、**貸倒処理**をしなければなりません。貸倒処理とは、債権の回収ができなくなった場合に行う会計処理のことです。

貸倒処理には、銀行が融資先に貸付した金額を計上する「貸付金勘定」を減額する直接償却と、貸付金勘定は動かさず貸倒のリスクに応じて計上した「貸倒引当金勘定」で処理をする間接償却があります。

また、償却額について、税務上損金処理ができる場合と損金処理ができない場合があり、後者を有税償却といいます。

知っておくと役立つ法律知識

☑ 破産における否認権

否認権とは、破産において、債務者の責任財産が絶対的に減少する詐害行為や債権者間の公平を害する偏頗(へんぱ)行為があった場合に、管財人がこれを行使することで、破産財団から流出した財産の返還や金銭の返還を受けることにより、債務者の財産を原状に復させ、これを債権者に公平に分配するために定められた制度です。

弁護士から倒産処理を受任した旨の**受任通知**を受け取った後に返済を受けると、この否認権の対象となります。

したがって、弁護士から受任通知を受け取ったら速やかに返済停止の処理をし、受任通知を受け取っているにもかかわらず自動引落等で返済を受けた分は融資債務者に返金します。

☑ 休眠状態の会社に対する時効の更新

会社が経営に行き詰まった場合、法的整理も私的整理も行わず、単に事業を停止し、債権者には返済をしないで、会社を休眠状態にすることもよくあります（前述の「放置」）。

銀行としては、融資先にも保証人にもまったく資力がない場合、返済を受けることは事実上できません。しかし、何もしないで履行期から5年が経過すると時効により融資債権を行使できなくなってしまいます。

そこで、銀行は時効期間の管理をしっかり行い、時効完成の直前に裁判を提起する等をして時効が更新されるようにしなければなりません。

☑ 時効

時効には、取得時効と消滅時効がありますが、銀行実務で重要なのは**消滅時効**です。なぜなら、融資債権が時効消滅すると困るからです。また、預金債権の消

滅時効もあります。

消滅時効に必要な期間は、従前は複雑でしたが、令和2年4月施行の民法改正により以下のとおりシンプル化されました。

消滅時効

改正前		改正後
10年	個人間の債権（原則）	債権の種類を問わず、どちらか早く満了する期間 ○債権者が権利を行使することができることを知った時から ⇒5年 ○権利を行使することができる時から ⇒10年
5年	商人間の債権（原則）	
3年	医師、薬剤師、 工事の設計・施工などの債権	
2年	生産者・卸売商人・小売商人が売却した商品の代金、教育などの債権	
1年	運送、旅館、飲食店などの債権	

改正法が適用されるのは、令和2年4月以降に発生した債権ですから、例えば、令和2年3月に実行した融資や預け入れられた預金については、改正前の規定が適用されます。

その場合、金融機関が銀行の場合は、商人間の債権として5年が時効期間となりますが、信金、信組、政府系金融機関の場合は、商人ではないので、取引相手も商人ではない場合、10年が時効期間になります。

時効を止めることを、民法改正前は「中断」民法改正後は「更新」といいますが、それには、原則として、裁判上の請求が必要です。裁判外で請求しても、時効は止まりません。

したがって、銀行としては、融資債権が時効消滅しないように管理をし、時効消滅しそうな場合は、訴訟提起をします。

関連する法律：民法、破産法、会社法、民事再生法、会社更生法

社長の自宅を差押えることが できますか？

債務者である会社と経営者との関係性

> **Answer**
>
> 社長の自宅に会社債務を被担保債権とする抵当権を設定していれば、差押えできますが、そうでない場合、直ぐに社長の自宅を差押えることはできません。

・・・・・・・・・・・ **経営者との対話** ・・・・・・・・・・・

 私は会社の借入を保証しているので、会社が返済を怠ると私の自宅は差押えられてしまうのでしょうか。

 銀行は保証人である社長に支払いを求めることはできますが、社長名義の不動産を差押えるには、債務名義が必要ですので、裁判手続を経ないとご自宅を差押えることはできません。

・・・・・・・・・・・・・・・・・・・・・・・・・・・・・・・・・・・・・・

☑ 会社と経営者は別人格

　すべての株式を社長が保有し従業員は社長の家族のみといった個人事業主が、法人成りをすることが多々あります。

　この場合、事実上は会社と個人が一体で、お金の区分も十分できていないことがあります。

　しかし、そのような場合であっても、法人格上は、会社と個人は別物です。したがって、いくら会社の返済が滞ったとしても、社長が保証人でない限り、社長個人に返済を求める権利は法的にはありません。

☑ 社長が保証人の場合

事実上は会社と個人が一体であるような零細企業に融資をする場合、社長を保証人とするのが通例です。

この場合、主債務者である会社の借入金返済が滞れば、保証人である社長個人に請求をすることができます。

しかし、債務名義がないと社長の自宅などの差押えをすることはできません。もっとも、社長の自宅に対して会社への融資を担保する抵当権が設定されていれば、抵当権に基づき社長の自宅を差押えたうえで担保不動産競売又は任意売却をします（→248頁）。

⚖ 知っておくと役立つ法律知識

会社の出資者（オーナー）が会社の負債について責任を負うかは、会社の形態によります。会社の形態には、株式会社、合同会社、合名会社、合資会社の4種類があります。

会社の形態と出資者の責任

	会社の形態	社員の責任	会社の負債に対する責任の有無
1	株式会社	有限責任	出資額を限度として責任あり
2	合同会社	有限責任	出資額を限度として責任あり
3	合名会社	無限責任	負債総額の全額を支払う責任あり
4	合資会社	有限責任	出資額を限度として責任あり
		無限責任	負債総額の全額を支払う責任あり

ここで、**有限責任**とは、出資者が債権者に対して出資額を限度として責任を負うことです。

一方で、**無限責任**とは、出資者が債権者に対して負債総額の全額を支払う責任を負うことです。

有限責任と無限責任

有限責任	無限責任
会社に出資した金額を限度として債務弁済の責任を負う	会社に出資した金額とは無関係にすべての債務に責任を負う

1　株式会社

　会社の多くは**株式会社**です。株式会社の場合、会社が債務を弁済できなくても株主が出資額を失う以外の責任を負うことはありません。これを株主有限責任の原則といいます。

　なお、2006年5月に会社法が施行される以前は、有限会社という制度がありましたが、会社法施行後は有限会社を新設することはできません。会社法施行時に存在していた有限会社は以後株式会社として存続しますが、特則が適用され「有限会社」と名乗ることも可能です。

2　合同会社

　合同会社は、平成18年5月施行の会社法で新たに設けられた会社形態です。出資者と経営者が分離しておらず、小規模事業者が法人化する場合に適しています。出資者は会社の債務について有限責任です。

3　合名会社

合名会社は、無限責任社員のみで構成される会社であり、企業の所有と経営が一致しています。出資者は、無限責任を負い、原則として各自が業務を執行し、会社を代表します。

4　合資会社

合資会社は、会社の債務について、会社債権者に対して連帯して直接無限の弁済責任を負う無限責任社員と、出資額を限度とする責任しか負わない直接有限責任社員とで構成される会社です。

関連する法律：民事執行法、民法（保証）446条以下、会社法

融資先の家族に返済を求めることが できますか？

連帯債務者と連帯保証人の責任

Answer

法的に強制力をもって融資先の家族に返済を求めることはできません。 しかし、任意に肩代わりして支払ってもらうことは問題ありません。

・・・・・・・・・・・・・・・・・・ 経営者との対話 ・・・・・・・・・・・・・・・・・・

 当社は経営が立ち行かないので破産しようと思います。保証人の 私も同時に破産しようと思います。ただ、私の妻は実家を相続して いるので、相応の財産を持っています。妻の財産はどうなるのでし ょうか。

 私ども債権者は、原則は債務者本人の財産にしか執行できず、奥 様の財産には何もする権利はありません。しかし、社長が財産隠し のために財産を奥様に移転した場合は詐害行為取消権を行使させて いただきます。

☑ 夫婦別産制

民法762条1項は、**夫婦別産制**について以下のように規定しています。

（夫婦間における財産の帰属）
第七百六十二条　夫婦の一方が婚姻前から有する財産及び婚姻中自己の名で得た
　財産は、その特有財産（夫婦の一方が単独で有する財産をいう。）とする。

　したがって、例えば、夫が融資先であり返済が滞っている場合であって、妻に 財産があるとしても、法的には妻に返済を強いることはできません。

　しかし、これは「強いる」ことができないのであって、任意に肩代わりして支

払ってもらうことは問題ありません。

　これは親子でも同様です。親と子の財産は当然に別々のものですが、子の融資の返済を親に肩代わりしてもらうことは、問題ありません。

　この際、銀行担当者として注意すべきは、債務者に関する融資金額や個人情報を、債務者本人の同意なく家族に話してはいけない点です。たとえ家族であっても、顧客情報の漏洩になります。任意に肩代わりして支払ってもらう際は、債務者本人の同意を得てから家族に対して融資金額などの案内をするようにしましょう。

☑ 破産の場合

　破産の場合も同様です。夫婦の一方が破産したからといって、その配偶者まで破産する必然性はありません。

　ただし、下記の２つの場合は、破産によって、当該ローンの期限の利益が喪失すること（→226頁）により、破産しない配偶者は、残元金を一括で返済しなければならなくなります。

　通常の場合、配偶者が残元金を一括で返済することは不可能なので、下記の場合、夫婦一緒に破産せざるを得なくなります。

（１）夫婦で連帯債務としてローンを組んでいる場合
　夫婦の一方が破産する場合、破産しない配偶者は残元金を一括返済しなければならなくなります。

第6章 債権回収

（2）主債務者の配偶者を保証人としてローンを組んでいる場合

　夫婦の片方が主債務者、その配偶者が保証人となりローンを組んでいる場合は、主債務者が破産する際、その配偶者は残元金を一括で返済しなければならなくなります。

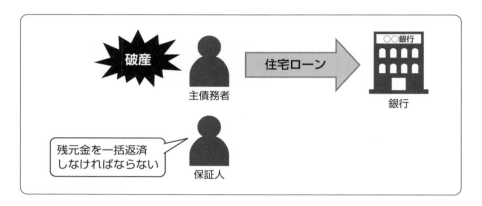

☑ 財産隠しに注意する

　銀行として気をつけなければいけないのは、**詐害行為**です。

　詐害行為とは、「債権者を害することを知りながら、債務者が債務者自身の財産を減らす行為」のことです。

　詐害行為には下記のようなケースがあります。

・偽装離婚

　返済をあきらめた個人融資先ないし融資先法人の保証人が、財産を守るために、形式上離婚して、配偶者に財産分与として主要な財産を移し、銀行の融資回収を困難にする行為

・親族や友人に一時的に財産を移す

　一旦、財産を親族や友人に移し、債務者は、融資の返済に関する問題が解決した頃に、親族や友人から財産を返してもらい、財産を保持したまま返済を免れる行為

返済に窮した債務者の中には、返済を免れるためにこのような行為を画策する者がいるかもしれません。

返済が遅延しているタイミングで、離婚や不動産の名義変更などの事実が発覚した場合は、慎重に事実確認を行う必要があります。

☑ 詐害行為取消権

偽装離婚などの詐害行為の場合は、**詐害行為取消権**（民法424条）を行使し、財産隠し行為の取消を裁判所に求めることを検討しましょう。

通常、他人同士の行為について、第三者が口出しをすることはできません。しかし、民法424条では、債権者を保護するために、下記の要件を満たした場合に限り、債務者の行為を取消すことができると定められています。

---

① **被保全債権（融資債権）が存在すること**

② **被保全債権は、詐害行為前の原因に基づいて生じたこと**

③ **債務者が無資力であること**

④ **債務者が債権者を害する行為を行い、その行為が財産権を目的としていたこと**
　財産権を目的とした、債務者の資産が減少する行為が対象となります。

⑤ **債務者が詐害行為時、取消債権者を害することを知ってしたこと**
　債務者が、債権者への返済が困難となることを認識している必要があります。

⑥ **受益者や転得者が、取消債権者を害することを知っていたこと**
　受益者とは債務者の詐害行為により直接利益を得た者、転得者とは債務者の詐害行為により間接利益を得た者のことです。
　受益者や転得者が、債務者の行為によって債権者への返済が困難となることを知っている必要があります。

詐欺行為取消権

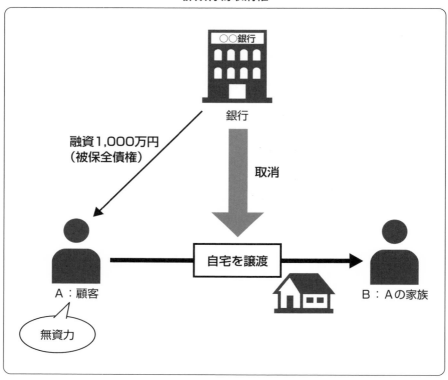

関連する法律：民法762条（夫婦間における財産の帰属）、民法（詐欺行為取消権）424条以下

<table>
</table>

Column 借地

　借地とは、広義では借りている土地を指しますが、狭義では借地借家法による借地権が認められる土地をいいます。具体的には、①地代を支払って借りていること、②建物所有目的であること、が要件です。

　借地権は非常に強固な権利です。細かな法律論を捨象して大雑把にいえば、建物が朽廃するまで借り続けられる権利です。

　借地権はこのように強固な権利ですので、財産価値が認められています。すなわち借地権付建物の売買においては、建物価格に加え、借地権価格も加えたものが売買代金になります。

　また、借地権は相続税の計算においても財産価値を評価します。その場合の価値は、更地価格×借地権割合です。

　相続税計算における借地権割合は、国税庁が公表している路線価図に出ています。

　例えば、下図③の借地権割合は路線価図では、記号が「B」ですので、借地権割合は80%です。

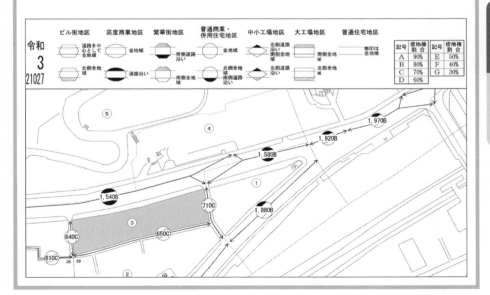

返済が遅れると ブラックリストに載るのですか？

個人信用情報の取扱い

Answer

「ブラックリスト」というリストが存在するわけではありませんが、「個人信用情報機関」に情報が登録されます。

・・・・・・・・・・・・・・・・・・・経営者との対話・・・・・・・・・・・・・・・・・・・

 > 残念ながら、お申込みのローンは審査が通りませんでした。

 > Ａ銀行で返済が遅れているからですか。

 > 総合的判断ですとしかお答えできません。

・・

☑ ブラックリストとは

金融業界において、「ブラックリスト」というリストが存在するわけではありません。

個人がローンを組んだり、クレジットカードを作ったりする際、「個人信用情報機関」に顧客情報が登録され、返済状況が記録されます。ある一定期間返済が滞ったり、破産したりした場合、返済状況の欄に、「事故情報」が登録されてしまいます。この事故情報が、「ブラックリスト」と呼ばれているものです。

☑ 個人信用情報センター

一般社団法人全国銀行協会が設置・運営している個人信用情報機関が、**全国銀行個人信用情報センター**です。銀行、信用金庫、信用組合、政府系金融機関、農業協同組合、漁業協同組合、信用保証協会などが加盟しています。

個人信用情報機関には、他に主に消費者金融会社、クレジット会社、信販会社、金融機関、保証会社、リース会社などの与信事業を営む企業を会員とする株式会社日本信用情報機構（JICC）と、クレジット会社の共同出資により設立された株式会社シー・アイ・シー（CIC）があります。この3つの機関は、相互交流ネットワークを通じて他の信用情報機関に登録されている特定の信用情報を利用することができます。

なお、携帯電話を代金分割で購入する場合、割賦販売になりますので、その支払いが遅れると個人信用情報機関に登録されます。

☑ 個人信用情報センターに登録される情報

個人信用情報センターに登録される情報には以下の情報があります。

属性情報	氏名、生年月日、性別、住所、電話番号、勤務先等
取引情報	取引金融機関名、取引種類等、成約日／実行日、担保有無、限度額／当初貸出額、設定期限／最終返済日、残債額、残債額更新日、残債額・入金区分履歴（毎月の返済状況）、返済区分
不渡情報	手形が不渡りになった場合に登録される
官報情報	破産や個人再生の場合に登録される
照会記録情報	金融機関が照会した記録が登録される

☑ 個人情報保護との関係

個人情報を個人信用情報センターに登録するにあたっては、本人の同意を取得することが必要です（個人情報保護法18条、23条）。

そのために、ローン申込時に個人信用情報センターへの登録・利用について書面で同意を得る必要があります。

また、個人信用情報センターの登録情報を利用できるのは、与信取引上の判断のために必要な場合に限られます。営業推進目的や人事上の目的で利用してはなりません。

関連する法律：個人情報保護法

6-7 会社が倒産をすると 経営者は全財産を失うのでしょうか？

経営者保証に関するガイドラインの概要

> **Answer**
>
> 会社と経営者は別人格なので、経営者が個人保証をしていない場合は、債権者は経営者に返済を求めることはできません。経営者が個人保証をしている場合も、銀行は、経営者保証に関するガイドラインの「保証債務の整理」に則って対応をする必要があります。

・・・・・・・・・・・・・・・・・・・・・・ **経営者との対話** ・・・・・・・・・・・・・・・・・・・・・・

 当社は倒産しますが、その場合、保証人である私（代表取締役）は全財産を失うことになるのでしょうか。

 社長は貴社の借入金について連帯保証をされていますが、当行は経営者保証に関するガイドラインに従って対応しますので、一定期間の生活費に相当する現預金や華美でない自宅は残すことができます。

・・

☑ 会社代表者が責任を負うのは保証の範囲だけ

　会社と代表者は別人格ですから、会社が倒産をしたからといって、代表者に無条件に法的な責任が及ぶものではありません。

　会社が倒産をした場合、会社の債権者は債権が回収不能となりますが、代表者に弁済を求められるのは代表者が保証人になっている場合に限られるのが原則です。

　さらに、保証人に支払いを求められるのは保証契約の範囲内です。保証契約で負担する債務額を超える資産を有していれば、全財産を失うことにはなりません。

☑ 経営者保証に関するガイドラインの「保証債務の整理」

　経営者保証に関するガイドライン（以下、ガイドライン）の**「保証債務の整理」**を利用することにより、代表者は保証債権者から一定の範囲で債務の免除を受けることができます。

1　ガイドラインに基づく保証債務の整理の対象となり得る保証人

　ガイドラインの「保証債務の整理」を申出をすることができるのは、以下のア〜エの要件を満たす保証人です。

ア　対象債権者と保証人との間の保証契約が以下の要件を充足すること

① 保証契約の、主たる債務者が中小企業

② 保証人が個人であり、主たる債務者である中小企業の経営者（※1）

③ 主たる債務者及び保証人の双方が、弁済について誠実であり、対象債権者の請求に応じ、それぞれの財産状況等（負債状況を含む）について、適時適切に開示していること

④ 主たる債務者及び保証人が反社会的勢力ではなく、その恐れもないこと

※1：以下に定める特別の事情がある場合、これに準じる場合は、適用対象に含む
・実質的な経営権を有している者、営業許可名義人、経営者と共に事業に従事する配偶者が保証人となる場合
・経営者の健康上の理由のため、事業承継予定者が保証人となる場合

イ　主たる債務者が以下のいずれかの状況にあること

① 破産等手続（※2）の申立てをガイドラインの利用と同時に行っている

② 破産等手続（※2）が継続している

③ 破産等手続（※2）が既に終結している

※2：破産等手続には、下記が含まれます。すなわち、会社は法的手続きをとるか、準則型私的整理手続をとって倒産処理をする必要があり、単純な私的整理や廃業では、保証人たる経営者は、ガイドラインによる「保証債務の整理」を申し出することができません。
・法的債務整理手続（破産手続、民事再生手続、会社更生手続若しくは特別清算）の開始申立て
・利害関係のない中立かつ公正な第三者が関与する私的整理手続及びこれに準ずる準則型私的整理手続（中小企業再生支援協議会による再生支援スキーム、事業再生ADR、私的整理ガイドライン、特定調停等）

ウ　主たる債務者と保証人が清算価値保証原則を充足すること

　清算価値保証原則とは、主債務者である会社・保証人である経営者がいずれも破産したときよりも、会社及び経営者双方からの配当の合計額が多くならなければならないという原則です。

　主たる債務者の資産及び債務、並びに保証人の資産及び保証債務の状況を総合的に考慮して、主たる債務及び保証債務の破産手続による配当よりも多くの回収を得られる見込みがあるなど、対象債権者にとっても経済的な合理性が期待できる必要があります。

エ　保証人に免責不許可事由が生じておらず、そのおそれもないこと

　破産法252条1項1号ないし9号に掲げられる免責不許可事由は色々ありますが、会社経営者が一番気をつけなければいけないのが、財産隠し（→214頁）です。

2　保証債務の整理の手続き

　保証債務の整理の手続きは、主たる債務者である会社に利用する手続きが準則型私的整理の場合と、法的債務整理手続の場合とで異なります。

ア　主たる債務者である会社が準則型私的整理手続を利用する場合

　保証人たる経営者の債務についても、同一の手続きで、一体整理を行います。

イ　会社が法的債務整理手続を利用する場合

　保証人のみ、準則型私的整理手続をとることになります。

3　保証債務の整理を図る場合の対応（ガイドライン適用の効果）

　ガイドラインにより、必要な手続きを踏んだ場合、保証人たる経営者は債権者に対し、以下の「残存財産」を除く、すべての資産を処分・換価することによって得られた金銭で、各債権者の債権の額の割合に応じて弁済を行います。

　これにより、弁済により不足した保証債務については、免除を受けることができ、「破産」のレッテルを免れ、「残存財産」を残せるメリットがあるのです。さらに、ガイドラインを適用し、債務の免除を受けた場合、いわゆるブラックリス

ト（→218頁）にも登録されません。

残存財産

---

① **一定期間の生活費に相当する現預金**

　その人の生活状況にもよりますが、一応の目安として、経営者が45歳以上60歳未満の場合は462万円、60歳以上であれば363万円です。

② **華美でない自宅**

　華美か否かは相対的な概念ですが、「清算価値保証原則」がある以上、高額で売却できる物件（破産の場合は売却）は、「清算価値保証原則」を守るために、ガイドラインによっても売却せざるを得なくなりますので注意してください。

③ **主たる債務者の実質的な事業継続に最低限必要な資産**

　経営者名義の土地・建物を事業に供している場合等。

④ **その他の資産**

　生命保険契約や自家用車等です。

　これも、「清算価値保証原則」がありますので、無条件に残存財産とできるわけではありません。

関連する法律：民法（保証債務）446条以下、破産法

催告書を送ります。内容証明郵便はどのように作成しますか？

配達記録付内容証明郵便の作成方法と内容

Answer

内容証明郵便の作成方法は、紙に書いたものを郵便局に持ち込む方法と、Wordで作った文書をアップロードして発送する電子内容証明郵便と2通りの方法があります。

・・・・・・・・・・ **経営者との対話** ・・・・・・・・・・

 今月も赤字で返済に回すお金がありません。

 5ヶ月も延滞が続いているので、今月も返済いただけない場合、内容証明郵便で催告のうえ、期限の利益を喪失いたします。

・・

☑ 内容証明郵便とは

　内容証明郵便とは、いつ、いかなる内容の文書を誰から誰宛てに差し出されたかということを、差出人が作成した謄本によって日本郵便株式会社が証明する制度です。内容証明郵便だけでは、それが配達されたことは証明されないため、内容証明郵便を出す場合は、通常、配達記録も付けます。これを**配達記録付内容証明郵便**といいます。

　出状する書面が通常の書面ではなく、配達記録付内容証明郵便で送る必要があるのは、意思表示が到達したことの立証が法的に必要な場合です。民法では、意思表示について到達主義をとっており、いくら書面を発送しても、郵便の誤配等により相手方に届かないと、法的には効力が生じません。

（意思表示の効力発生時期等）

第九十七条　意思表示は、その通知が相手方に到達した時からその効力を生ずる。

融資業務で代表的なものは、催告書（→229頁）と相殺通知（→233頁）です。また、債権譲渡の対抗要件としての確定日付ある証書による通知（民法467条）も、配達記録付内容証明郵便で送ります。

郵便を受け取ったことを証明するだけであれば、簡易書留で送れば良いですが、簡易書留では相手方が受け取った書面の内容を証明することができません。催告書を単なる簡易書留で送るとすると、相手方（融資先）が、「催告書なんて受け取っていない」「銀行からの郵便は受け取ったが、中身はセールスDMだった」などと主張した場合、催告書が相手方に到達していることが証明できません。したがって、催告書は配達記録付内容証明郵便で送ります。

確認できる事項	配達記録付内容証明郵便	簡易書留
相手が受領したか否か	○	○
相手が受領した日時	○	○
郵送物の内容	○	×
誰から誰宛ての郵便物か	○	×

☑ 内容証明郵便の作成方法

内容証明郵便は、紙に書いたものを郵便局に持ち込む方法と、Wordで作った文書をアップロードして発送する電子内容証明郵便と2通りの出し方があります。

作成方法		制限
紙に書いたものを郵便局に持ち込む方法	縦書きの場合	1行20文字以内、1枚26行以内
	横書きの場合	以下いずれかの範囲 • 1行20字以内、1枚26行以内 • 1行13字以内、1枚40行以内 • 1行26字以内、1枚20行以内
電子内容証明郵便		日本郵便が提供するソフトウエアを使用して出状 ※Word文書の制限 • 文字サイズ　　：10.5ポイント以上14.5ポイント以下 • 用紙レイアウト：A4縦置き・横書き 　　　　　　　　　A4横置き・縦書き • 余白　　　　　：上左右1.5cm以上、下7cm以上

関連する法律：民法97条（意思表示の効力発生時期等）

期限の利益喪失とは何ですか？

期限の利益の喪失事由

Answer

融資は、約定どおり、毎月一定額を返済するのが一般です。また期限に一括返済する約定もあります。期限の利益喪失とは、このような約定にかかわらず、融資金を即座に一括返済すべき法律状態となることをいいます。

・・・・・・・・・・・・・・・・・・ 経営者との対話 ・・・・・・・・・・・・・・・・・・

 今月も赤字で返済に回すお金がありません。

 もう5ヶ月も延滞が続いているので、今月も返済いただけない場合、内容証明郵便で催告のうえ、期限の利益を喪失いたします。

 期限の利益が喪失するとどうなるのですか。

 まず、元金全額に対し年14％の遅延損害金がつきます。遅延損害金発生後もお支払いいただけない場合は、担保不動産を処分させていただきます。

・・・

☑ 期限の利益喪失とは

　融資契約では、元利均等、元金均等、期限一括返済等の返済方法を定めています。

　つまり、約定で定めた返済期限までは返済をする必要がありません。これを**期限の利益**といいます。

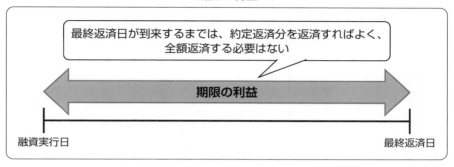

期限の利益

> 最終返済日が到来するまでは、約定返済分を返済すればよく、全額返済する必要はない

期限の利益

融資実行日　　　　　　　　　　　　　　　　　最終返済日

　しかし、債務者たる借入人に一定の事由が発生した場合、即座に返済する義務が生じます。これを**期限の利益喪失**といいます。

　民法137条は、以下のとおり規定しています。

（期限の利益の喪失）

第百三十七条　次に掲げる場合には、債務者は、期限の利益を主張することができない。

一　債務者が破産手続開始の決定を受けたとき。

二　債務者が担保を減失させ、損傷させ、又は減少させたとき。

三　債務者が担保を供する義務を負う場合において、これを供しないとき。

　銀行としては債権保全上、期限の利益喪失事由として、民法137条に規定する事由だけでは不十分です。

　例えば、民法137条では、借入人が延滞しただけでは期限の利益を喪失できません。そこで、銀行実務では、銀行取引約定書（→108頁）に期限の利益喪失条項を列挙し、民法137条以外の事由でも期限の利益を喪失できるようにしています。

　なお、個人ローンなど、前提として銀行取引約定書を交わさない融資契約は、金銭消費貸借契約書に期限の利益喪失条項を規定しています。

☑ 当然喪失事由と請求喪失事由の違い

期限の利益喪失条項には**当然喪失条項**と**請求喪失条項**があります。

当然喪失条項とは、該当事由が発生すると直ちに期限の利益を喪失する事由を列挙した条項です。

一方、請求喪失条項に該当する事由が借入人に発生した場合、期限の利益を喪失させるかは銀行の判断によることとなります。請求喪失条項に該当する事由が発生した場合は、銀行が借入人に期限の利益を喪失させる通知を送って初めて期限の利益が喪失します。

☑ 当然喪失事由

一般に、期限の利益の当然喪失事由としては以下の事由が規定されています。

---

1. 支払の停止又は破産手続開始、民事再生手続開始、会社更生手続開始もしくは特別清算開始の申立があったとき。
2. 手形交換所又は電子債権記録機関の取引停止処分を受けたとき。
3. 融資先又は融資先の保証人の預金その他の銀行に対する債権について仮差押え、保全差押え又は差押えの命令、通知が発送されたとき。
4. 融資先の責めに帰すべき事由によって、融資先の所在が銀行にとって不明になったとき。

もっとも、仮差押えは仮差押解放金を供託する（担保として預ける）ことで解除できます。したがって、速やかに解除された場合は、銀行実務としては期限の利益を喪失しなかったものとして取り扱います。

☑ 請求喪失事由

一般に、期限の利益の請求喪失事由としては以下の事由が規定されています。

---

1. 銀行に対する債務の一部でも履行を遅滞したとき。
2. 担保の目的物について差押え又は競売手続の開始があったとき。
3. 銀行とのいっさいの約定の1つにでも違反したとき。
4. 融資先の保証人が前項（当然喪失事由）又は本項の各号の1つにでも該当したとき。
5. 前各号のほか銀行の債権保全を必要とする相当の事由が生じたとき。

1つ目の「銀行に対する債務の一部でも履行を遅滞したとき。」は、いわゆる延滞です。

実務的には延滞が発生すれば、直ちに期限の利益を喪失させるのではなく、3ヶ月から6ヶ月程度様子を見ても延滞が解消しない場合、延滞金の支払いを催告書で催告し、それでも支払いがない場合、期限の利益を喪失させます。

☑ 催告書

延滞回数が一定回数以上になると、銀行は期限の利益を喪失させ、一括返済を融資先に求めます。

銀行取引約定書（→108頁）では、「債務の一部でも履行を遅滞したとき」を期限の利益の請求喪失事由としていますが、銀行実務としては、いきなり期限の利益を喪失するのではなく、「○月○日までに遅延弁済金の全額をお支払いください。期限までにお支払いのない場合は同日の経過をもって期限の利益を喪失します。」と一定の返済猶予を与え、催告をします。これを**催告書**といいます（→231頁）。

催告書を融資先が受け取ったにもかかわらず、催告期限までに支払わないことは、期限の利益の喪失事由となりますので、この催告書を融資先が受け取ったことを証明できるようにしておかないと、期限の利益の喪失を巡って争いになってしまいます。そこで、催告書は**配達記録付内容証明郵便**で送ります（→224頁）。

☑ 期限の利益喪失の効果

期限の利益喪失の効果は次のとおりです。

---

① 銀行は貸出先に全額返済を求めることができます。

② ①の結果、期限の利益喪失日以降、元金全額に対し遅延損害金が発生します。なお遅延損害金の利率は契約で定めていますが、一般に年14％〜15％です。

③ 抵当権に基づく競売や、収益不動産の場合賃料差押えが可能となる（→246頁）。

④ 借入人名義の預金と貸付金を相殺します（→232頁）。その為に、相殺処理が完了するまでは預金口座を支払停止とします。

⑤ 保証会社や信用保証協会の保証が付いている場合は、保証会社に代位弁済を請求します。

⑥ 銀行は債務者格付を見直し、貸倒引当金を積み増す必要があります。

催告書

催 告 書

　平成□年□月□日付金銭消費貸借抵当権設定契約に基づく貸付金については、再三の催告にもかかわらずお払い込みがないため上記契約書第４条１項第５号により下記貸付残高の全部、並びに利息及び延滞損害金等を令和３年３月３０日までに必ずお払い込み下さるよう催告いたします。

　上記期限までにお払い込みがないときは、やむを得ず法的手続きをとりますから、予めご承知おき下さい。

残元金　　　51,727,322　円　也

令和　　　年　　月　　日

住　　所　　東京都△△△△●丁目●番●号

債　権　者　　株式会社■■■■

住　　所　　名古屋市△△△△●丁目●番●号

発　信　人　　株式会社■■■■

　　　　　　　代理人

住　　所

受　信　人　　　　　　　　　殿

郵便認証司　　この郵便物は令和　　　年　　月　　日第　　　号
领　年　月　日　　書留内容証明郵便物として差し出したことを証明します
　　　　　　日本郵便株式会社　　　　印

関連する法律：民法137条（期限の利益の喪失）

預金との相殺は、どのようなときにするのですか？

融資債権と預金債権の相殺

Answer

銀行実務としては、期限の利益を喪失させると、預金との相殺を行います。

・・・・・・・・・・・・・・・・・・ 経営者との対話 ・・・・・・・・・・・・・・・・・・

 当社の預金残高が突然減っているのですが、どうしてですか。

 先日、相殺通知をお送りさせていただきました。預金は融資金と相殺させていただきました。

 どうして、このタイミングで相殺したのですか。

 ○ヶ月以上延滞されておりましたので、○日に期限の利益を喪失させていただいたからです。

・・・

☑ 相殺とは

相殺とは、一般に、2人が互いに相手方に対して同種の債権を有する場合、双方の債権を対当額だけ差し引いて消滅させることをいいます。

民法505条1項は次のように規定しています。

（相殺の要件等）

第五百五条　二人が互いに同種の目的を有する債務を負担する場合において、双方の債務が弁済期にあるときは、各債務者は、その対当額について相殺によってその債務を免れることができる。ただし、債務の性質がこれを許さないときは、この限りでない。

融資債権と預金債権は双方とも金銭債権なので同種の債権です。そこで、ともに弁済期にあるときは、融資債権と預金債権を相殺することにより、銀行としては融資金を回収することができます。

☑ 双方の債務が弁済期にあること

1 融資債権

融資契約では、元利均等、元金均等、期限一括返済等の返済方法を定めています。元利均等、元金均等返済では、毎月の返済額が約定されています。したがって、毎月の約定返済額しか弁済期にありません。

しかし、期限の利益を喪失すると元金全額が弁済期となります。

2 預金債権

普通預金は、預金者がいつでも引き出すことが可能なので、常に弁済期にあります。

一方で、定期預金は満期日が到来しないと弁済期にありません。そのため、銀行側は、満期日よりも前は支払いに応じる必要がないという期限の利益を有しています。この期限の利益を、銀行（期限の利益を有する者）は、放棄することも可能です（民法136条2項）。したがって、定期預金について、銀行は期限の利益を放棄して弁済期とし、融資債権と相殺をすることができます。

☑ 通知が必要

民法506条1項は、「相殺は、当事者の一方から相手方に対する意思表示によってする。この場合において、その意思表示には、条件又は期限を付することができない。」と定めています。相殺をするには「意思表示」が必要です。意思表示は口頭でもできますが、紛争になった場合に備えて証拠化しておくべきです。そこで銀行実務では、相殺の意思表示は「相殺通知」と題する内容証明郵便（→224頁）で行います。

関連する法律：民法（相殺）505条以下、民法136条（期限の利益及びその放棄）

6-11 返済条件変更の依頼がありました。応じなければなりませんか？

返済条件変更の必要性

Answer

契約に従った返済が困難な先から条件変更の依頼があった場合は、再建計画を提出してもらい、再建の見込みがある場合は条件変更に応じるべきです。

・・・・・・・・・・・・・・・・ **経営者との対話** ・・・・・・・・・・・・・・・・

 返済が厳しいので、毎月の返済額を減らしていただけませんか？

 当行として応じられるか検討しますので、事業計画を提出してください。

・・・

☑ 営業的判断での条件変更と債務者支援的な条件変更

銀行に既存の融資の金利引下げを求めてくる融資先は多いですが、法的には契約どおりの金利を維持するのが原則です。

しかし、以下の2つの場合、銀行は金利の引下げを検討します。

① 金利を下げないと他行に借り換えてしまう可能性が高い場合
② 金利を下げないと融資先の返済が困難となる場合

①は借換えを防ぐための営業的判断ですので、本書では説明を割愛いたします。以下、②の債務者支援的な条件変更について解説します。

☑ 平成21年12月施行「金融円滑化法」

　リーマンショック後の平成21年に、金融庁は、「中小企業等に対する金融円滑化のための総合的なパッケージについて」をとりまとめ、公表しました。

　当時の経済金融情勢において、特に厳しい状況にある、中小・零細企業の事業主の方々や、住宅ローンの借り手の方々を支援するため、貸し渋り・貸しはがし対策の検討を開始する旨を公表し、関係省庁の協力も得つつ、とりまとめたものです。

　その中で、中心となるのが「中小企業者等に対する金融の円滑化を図るための臨時措置に関する法律」（以下「中小企業金融円滑化法」）です。

　それまでは、業況が芳しくなく、返済が困難な融資先からの条件変更に応じると、銀行は債務者区分を見直し、不良債権として分類し、貸倒引当金を積なければなりませんでした。不良債権が増えると、銀行の財務上、悪影響があるため、銀行は慎重に、条件変更について対応をしていました。

　しかし、金融円滑化法4条によって、融資金の返済に支障があるか、又はその恐れがある中小企業者（個人事業主を含む）から条件変更の申込みがあった場合の銀行の対応について、以下のように法制化されました。さらに、同様の措置が住宅ローンについても定められました（金融円滑化法5条）。

（中小企業者から債務の弁済に係る負担の軽減の申込みがあった場合等における対応）

第四条　（前略）当該中小企業者の事業についての改善又は再生の可能性その他の状況を勘案しつつ、できる限り、当該貸付けの条件の変更、旧債の借換え、当該中小企業者の株式の取得であって当該債務を消滅させるためにするものその他の当該債務の弁済に係る負担の軽減に資する措置をとるよう努めるものとする。

　また、金融庁は上記パッケージとして金融検査マニュアルを改訂し、条件変更等を行っても、不良債権に該当しない要件を拡充し、銀行が条件変更に応じやすい環境を作りました。

　これにより、銀行は、業況が芳しくなく、返済が困難な融資先から条件変更の

申込みがあった場合は、慎重に対応するのではなく、融資先の再生の可能性やその他の状況を勘案しながらではあるものの、可能な限り条件変更に応じるようになりました。

☑「金融円滑化法」の終了後の対応

金融円滑化法は時限立法でした。その後、延長がされたものの、平成25年3月末で終了しています。

これにより、法的な根拠はなくなりましたが、金融庁は銀行に対し、中小企業・小規模事業者の経営支援に一層取り組むよう促しています。

金融円滑化法が終了したからといって、返済困難な融資先からの条件変更の要請に対し、銀行は契約変更の法的義務がないことを理由に、検討もしないで拒否すべきではありません。銀行としては、中小企業・小規模事業者の経営支援に一層取り組むべきです。

条件変更に応じて、中小企業・小規模事業者の倒産を防ぐことが、銀行にとって貸倒損失の発生を予防することになるからです。

一方で、再生の見込みがない企業については、条件変更に応じるべきではありません。いわゆるゾンビ企業に融資先をしてしまうことは、社会経済全体にとっても融資元の銀行にとっても好ましくありません。

そこで、銀行は、返済が困難な融資先から条件変更の要請を受けた場合は、経営改善計画の提出を受け、その実現可能性を見極める等、企業と認識を共有化することにより、融資先が完済できるであろうと判断した場合は、条件変更に応じるべきです。

関連する法律：金融円滑化法（現在は廃止）

金融庁監督指針と条件変更

＜金融庁監督指針とは＞

　金融庁は「監督指針」を公表しており、インターネットでみることができます。「監督指針」とは、金融庁による総合的な監督体系の構築のため、監督事務の基本的考え方、監督上の評価項目、事務処理上の留意点について、必要な情報を極力集約した行政部内の職員向けの手引書です。職員向けの手引書であり法令ではありませんが、金融庁の考え方が示されたものであり、銀行経営上は参考にすべきものです。

＜条件変更に関する記載＞

　地銀や信金向けの監督指針である「中小・地域金融機関向けの総合的な監督指針」では「II－4　金融仲介機能の発揮」「II－4－1　基本的役割」という項目の中で、以下の記載があります。

> 金融機関は、中小企業（小規模事業者を含む。）や住宅ローン借入者など個々の借り手の状況をきめ細かく把握し、他業態も含め関係する他の金融機関等と十分連携を図りながら、円滑な資金供給（新規の信用供与を含む。以下同じ。）や貸付けの条件の変更等に努めることが求められる。

　そして、「II－4－2　主な着眼点」という項目の中で以下の記載があります。

> 中小企業や住宅ローン借入者など個々の借り手の状況をきめ細かく把握し、円滑な資金供給や貸付けの条件の変更等に努めているか。また、他業態も含め関係する他の金融機関等がある場合には、当該他の金融機関等と十分連携を図りながら、円滑な資金供給や貸付けの条件の変更等に努めているか。

第6章

債権回収

法的整理と私的整理の違いは何ですか？

債務整理の種類と手続き

Answer

法的整理は、それぞれの根拠法に従い、裁判所の関与のもとに行われる債務整理手続です。一方、私的整理は、法律で定められた手続きではなく、債権者との直接交渉によって債務の減額や返済スケジュールの猶予を認めてもらう方法です。

・・・・・・・・・・・ **経営者との対話** ・・・・・・・・・・・

 債務超過で事業が立ち行かず弁護士に処理をお願いする予定です。

 処理といっても、どのような手続きを予定されていますか。破産ですか、民事再生ですか、それとも私的整理ですか。

 私はよくわからないので、弁護士の判断に従うつもりです。

 事業は継続する予定ですか？　それとも廃業する予定ですか？

 当社の生産技術は高いので、事業を第三者に売って、その売却金を債権者への返済にあてようかと考えています。

・・・・・・・・・・・・・・・・・・・・・・・・・・・・・・・・・・・・

☑ 債務整理の分類

　債務整理とは、何らかの手段で、債務を整理し、負債金額を圧縮することをいいます。これにはさらに、それぞれの根拠法に従い、裁判所の関与のもとに行われる「**法的整理**」と、裁判所が関与しない「**私的整理**」の２種類があります。

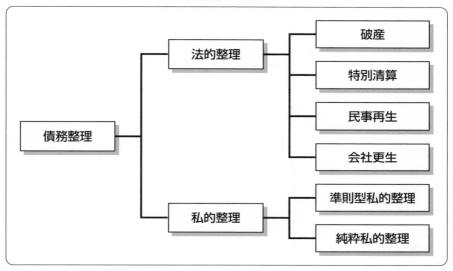

債務整理の種類

☑ 法的整理

法的整理には、「**破産**」「**特別清算**」「**民事再生**」「**会社更生**」の４種類があります。

1 破産

法的整理の代表格は**破産**です。企業や個人が、財産を清算して消滅する「清算型」の手続きです。本人又は債権者の申立により、裁判所が破産手続開始決定を出し、裁判所が選任する管財人が債務者の総財産を換価したうえで債権者に公平に配当する制度です。

2 特別清算

特別清算は、株式会社の解散が前提で、債務超過にある解散した株式会社が、迅速かつ公正な清算をするために申請し、裁判所の監督のもとに手続きが行われます。会社法に規定があります。

債権者集会で出席債権者の過半数及び議決権総額の３分の２以上の同意を得て協定案が可決する必要があるので、債権者数が少なく、かつ利害の対立がない場

合に適した制度です。親会社が業績不振に陥った子会社を清算する場合、課税上の利益（債権免除の損金参入）を得るために利用される事例も多くあります。

破産ほど厳格な手続きではなく、会社側が選任した清算人が財産の処分を行えます。

3　民事再生

主に、中小企業向けの「再建型」の法的手続ですが、個人も利用できる制度です。

債務者が主体となり再生を目指すもので、会社更生法に比べ手続きが簡易です。再生計画認可の条件は「債権者集会に出席した再生債権者等の過半数で、債権総額の2分の1以上の同意」で成立します。

4　会社更生

主に、大企業向けの「再建型」の法的手続です。株式会社を対象にして、更生計画策定等に基づき裁判所から指名された管財人が更生計画を遂行して再建を目指します。

すべての利害関係人を手続きに取り込み、会社役員、資本構成、組織変更までを含んだ再建計画を策定できる一方、担保権者の権利行使が制限されます。

☑ 私的整理

私的整理とは、法律で定められた手続きではなく、債権者との交渉によって債務整理を行う方法です。

そのうち、第三者機関の関与の下、一定の準則・ルールに基づいて実施されるものを、準則型私的整理といいます。準則型私的整理の代表例は以下のとおりです。

- 事業再生実務家協会による事業再生ADR
- 中小企業再生支援協議会による再生支援手続
- 特定調停スキーム

これに対して、第三者機関の関与がない場合は、債務者代理人である弁護士が交渉の主体となり、各債権者と調整するのが一般です。これを、純粋私的整理と呼ぶことがあります。純粋私的整理では、経営者保証ガイドラインに基づく保証債務の整理が利用できないこと、債権者としては回収不能となった債権を無税償却するには若干ハードルが高いことが問題点です。「準則型私的整理手続」を利用すると純粋私的整理の問題点がクリアできます。

関連する法律：破産法、会社法、民事再生法、会社更生法

6-13 弁護士から受任通知が届きました。 どうしたら良いでしょうか？

受任通知を受領した際の対応

> **Answer**
>
> まずは、弁護士に委任事項を確認してください。委任事項が債務整理の場合は、期限の利益を喪失し、預金相殺をする一方、返済は停止します。

・・・・・・・・・・・・・・・・・・ **経営者との対話** ・・・・・・・・・・・・・・・・・・

 当社の預金が突然引き出せなくなったのだけど、どうしてですか。

 昨日○○弁護士から、御社の債務整理を受任した旨の受任通知を受領しました。そこで、当行としては相殺のため、預金に支払停止をかけさせていただきました。相殺処理が済みましたら、支払停止は解除いたします。

・・

☑ まずは委任事項を確認する

業況が芳しくない融資先について、弁護士から**受任通知**が届いた場合、その委任事項は、以下の２つがありえます。

1．返済条件の変更
2．債務整理

一般に、弁護士は委任内容を受任通知に明記しますが、不明確な場合は、弁護士に電話を架けるなどして委任事項を確認します。

☑ 委任事項が返済条件の変更の場合

委任事項が返済条件の変更の場合、弁護士から財務内容や事業計画の提出を受けます。この場合、弁護士の承諾のない限り、債務者である取引先と直接やりとりをしてはいけません。

これは法律による制限ではなく、弁護士会が定めている「弁護士職務基本規程」によるものですが、銀行としてはこれを尊重すべきです。

☑ 委任内容が債務整理の場合

委任内容が債務整理の場合は、239頁の図に示している各種手続のうち、どの手続きを選択する方針なのかを弁護士に確認します。

純粋私的整理であれば、当該弁護士と交渉することになります。それ以外の手続きを選択する場合は、債権届を出す等、弁護士の事前準備に協力します。

一方で、弁護士から債務整理を目的とする受任通知が届いた事実は「債権保全を必要とする相当の事由が生じたとき」に該当しますので、期限の利益を請求喪失させたうえで（→226頁）、融資金を預金と相殺します（→232頁）。相殺処理をする前に預金を引き出されると困るので、銀行としては、弁護士から受任通知が届いたら速やかに当該融資先の預金に支払停止を設定します。

なお、弁護士から債務整理の受任通知を受領以降、返済を受けると、その後当該取引先が破産した場合、破産手続の中で否認対象となり（→206頁）、その金額を破産財団に返金しないといけません。そこで、銀行としてはこれを未然に防ぐため、システム的に返済処理を停止させます。

関連する法律：民法、破産法

延滞先から一部弁済を受けた場合、元本・利息のどちらに充当しますか？

弁済金の充当順序

Answer

一般には利息から充当しますが、不良債権処理においては元本から充当します。

・・・・・・・・・・・・・・ **経営者との対話** ・・・・・・・・・・・・・・

今月の返済は元本22万円、利息8万円の計30万円ですが、20万円しか資金手当できません。この20万円を元本に充ててください。不足の10万円は来月支払います。

返済金が足りないときは、まず利息に充当するのが原則です。したがいまして、20万円は利息に8万円、元本に12万円充当させていただきます。元本の残10万円は別途できるだけ早く支払ってください。

・・・

☑ 民法の原則

民法第489条、第490条では、**弁済金の充当順序**を次のように規定しています。

（元本、利息及び費用を支払うべき場合の充当）

第四百八十九条 （略）弁済をする者がその債務の全部を消滅させるのに足りない給付をしたときは、これを順次に費用、利息及び元本に充当しなければならない。

（合意による弁済の充当）

第四百九十条 前二条の規定にかかわらず、弁済をする者と弁済を受領する者との間に弁済の充当の順序に関する合意があるときは、その順序に従い、その弁済を充当する。

民法489条により、弁済金が弁済すべき金額に足りない場合（一部弁済）は、元本よりも先に利息に充当するのが民法の原則です。

　例外として、民法490条では、債務者と債権者との間で合意があれば、その合意を優先するとしています。

☑ 約定による手当

　銀行取引約定書には、一般に以下の規定があります。

甲（貸付先）が債務を弁済する場合又は第○条による相殺又は払戻充当の場合、甲の乙（銀行）に対する債務全額を消滅させるに足りないときは、乙が適当と認める順序方法により充当することができ、甲はその充当に対しては異議を述べないものとします。

　個人ローン等で銀行取引約定書を交わしていない場合は、同様の規定を金銭消費貸借契約に定めているのが一般です。

　銀行取引約定書や、金銭消費貸借契約によって、民法490条に定める合意として、充当順序は銀行が定めることができることになります。

☑ 銀行が指定する充当順序

　一部弁済の場合、銀行としては、元本ではなく、利息に充当したほうが有利です。なぜなら、一部弁済によって元本が減少すれば、その後、得られる利息収入も減少してしまうからです。

　なお、実際の銀行実務（システム）では、返済期限の古いもの、かつ、預金残高の範囲で弁済を全額受けられる処理（トランザクション）を優先していることが多いようです。システムの自動処理で不都合がある場合は、返済のオペレーションを個別にする必要があります。

　ただし、不良債権回収の段階に至った場合、銀行は利息よりも先に原本に充当します。なぜなら、そのほうが不良債権を減少できるからです。

関連する法律：民法（弁済）473条以下

担保不動産からは
どのように債権を回収したら良いですか？

担保不動産からは、競売、任意売却、賃料からの回収

Answer

担保不動産からの回収は、①売却金から回収する方法、②賃料債権から回収する方法があります。さらに①には競売による方法と任意売却による方法があります。

········ **経営者との対話** ········

 もう事業収益から返済をすることは不可能なので、担保として差し入れている本社ビルを売却して返済しようと思います。

 現在、御社に対する貸出残高は10億円ありますが、根抵当権を設定させていただいております本社ビルを売却するとしても、よくて8億円と思います。しかし、当行としても本社ビル売却による返済方針は妥当と考えますので、相応の価格の買い手を見つけてこられた際には根抵当権の抹消をするよう稟議いたします。

☑ 担保不動産からの回収方法の全体像

担保不動産からの回収は、以下の2つの方法があります。

②は当然ながら、賃貸物件でないとできません。したがって、本社ビル、自社工場、自宅等では①の方法しかありません。

さらに、①は競売による方法と任意売却による方法があります。

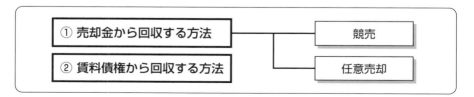

☑ 担保不動産競売とは

　不動産の競売には、債務名義（→199頁）に基づく**強制競売**と、抵当権に基づく**担保不動産競売**があります。担保不動産競売は債務名義がなくても可能です。いずれも、手続きは民事執行法の規定に基づいて行われます。

　担保不動産競売は、債権者が、債務者・物上保証人から抵当権・根抵当権の設定を受けた担保権者である場合に、抵当権（根抵当権）の実行として、当該不動産を管轄する地方裁判所に対して担保不動産競売を申立てることにより行われます。

担保不動産競売

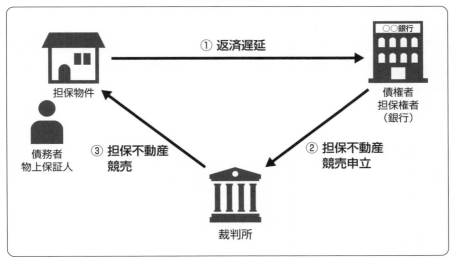

第6章

債権回収

247

☑ 担保不動産競売の手続き

　手続きとしては、原則として、強制競売の規定が準用されます（民事執行法188条）。

　担保不動産競売開始が裁判所で決定すると、まず、裁判所の執行官と不動産鑑定士による査定が行われます。この査定により、担保不動産の最低売却価格が決定します。そして、最低売却価格が決定して数ヶ月後に、期間入札（1週間から1ヶ月の間で定めた期間）が行われます。

　このような流れのため、申立てから終了（配当）まで6ヶ月以上の期間を要することが多いです。また、申立人には、不動産鑑定等の費用の予納を裁判所から求められます。

　不動産競売の問題点は、どうしても落札価格が市場価格より安価になってしまうことです。これは落札側としては、事前に内覧できないので、正確に物件の状態を掴めないこと、契約不適合責任が適用されないこと、元の所有者や占有屋が居座った場合にその立退きに時間と費用を要することなど、リスクが存在するので当然のことです。

☑ 任意売却の概要

　競売によらず裁判所外で担保不動産を売却し、その売却金で融資金の返済を受ける手続きを、一般に、**任意売却**といいます。

　担保不動産競売によると、落札価格が市場価格より安価になってしまうので、任意売却のほうが、銀行にとっても、借手にとっても好ましく、双方の合意のもと、このように対処するケースが多くあります。

　不動産は本来、所有者の自由意思で売却できますが、抵当権が付いた物件は、売却時に抵当権を抹消することを条件にしなければ、買い手が付きません。一方、銀行が抵当権の抹消に同意するのは、被担保債権たる融資債権の完済を受けることが原則です。

　そのため、抵当権が付いた物件の所有者は、被担保債権たる融資債権を完済しない限り、物件を売却することはできないのが原則です。

　ところが、競売や任意売却を検討するような物件は、売却見込額（市場価格）より、被担保債権たる融資残高のほうが大きいことが通例のため、物件の売却金

だけで融資金額を完済することは実質的に不可能です。

　銀行側が、原則に従い、融資債権の完済を受けるまで抵当権を抹消しないと主張してしまうと、市場価格より安価な競売を選択せざるを得なくなり、銀行にとっても、借手にとってもデメリットが生じてしまいます。

　そこで、銀行としては、例外的な処理として、貸出先からの融資金の回収について、担保不動産の処分に頼らざるを得ないと判断した場合、融資残高の一部しか回収できなくても、抵当権の抹消に応じます。

☑ 任意売却による抵当権の抹消

　任意売却により、抵当権の抹消に応じるか否かは、銀行の判断となります。

　任意売却においては、融資先が買い手を見つけます。そして、融資先より銀行に対して、以下のような申出があります。銀行がそれを認めるか否かは、返済を受けることができる金額、その他の条件により総合的に判断します。

　なお、抵当権の解除は被担保債権の全額の弁済を受けられる場合に行うのが原則ですから、一般に、銀行は期限の利益を喪失した融資先にしか、任意売却には応じません。

任意売却の申出を受けた際の経営者との会話

　○○千円で売却し、そのうち売却に必要な費用を控除した△△千円を、融資金の返済に充てます。抵当権の抹消に応じて欲しい。

　抵当権の抹消に応じることができるよう、稟議いたします。

☑ 賃料債権からの回収

　担保物件によっては、売却見込価格は低いものの、相応の賃料収入がある賃貸物件である場合があります。このような場合、銀行としては担保不動産競売を行うよりも、賃料を差押えて回収したほうが有利な場合があります。

　また、担保不動産競売と任意売却はいずれも時間を要しますので、その手続期間中の賃料を差押えたほうが、債権回収として好ましいと考えられます。すなわち、担保物件が売れるまでの間、賃料からの回収も行うのが好ましいです。

☑ 賃料債権から回収する場合の手続き

　賃料を差押えるには、裁判所の手続きとして、以下の2つの方法があります。

1．物上代位による方法
2．担保不動産収益執行による方法

　物上代位（民法372条で準用する同法304条、民事執行法193条）は、賃借人に対する賃料請求権を差押えて、賃借人から直接、賃料を支払ってもらう制度です。

　簡易・迅速な債権回収が可能となり、また費用も低廉ですが、賃借人が多いと、銀行として賃料の回収事務の負担が大きく大変です。

　さらに、賃料を差押えられた物件は、所有者（融資先）が、新たな賃借人を募集しなくなるので、差押えが長期間に及ぶと物件が荒廃してしまいます。

　担保不動産収益執行（民事執行法180条2項）は、抵当不動産及び収益（賃料等の給付請求権）を差押えたうえで、裁判所が選任する管理人において収益を収取し、これを、収益執行を申立てた抵当権者、その他の配当受領権者に配当する手続きです。

　管理人が選任されるためコストはかかりますが、管理人が管理収益から不動産の維持管理費用を支出することができるため、不法占有者を排除できます。また、賃料不払・用法違反を理由として、賃貸借契約を解除し、新規の賃貸借の締結にあたることができるため、物件の荒廃化を防ぐことができます。

関連する法律：民法（抵当権）369条以下、民事執行法

INDEX

池田　聡（いけだ　さとし）

弁護士（東京弁護士会所属）。システム監査技術者、中小企業診断士試験合格。日本興業銀行・みずほ銀行に通算約24年勤務。営業店9年、IT部門8年、業務企画部門7年。IT部門では、みずほ統合のシステムトラブルを現場で経験する。最後の3年間は支店長を務める。銀行勤務の傍ら法科大学院に通学し司法試験に合格。その3年後弁護士となる。都内中堅法律事務所を経て、2014年KOWA法律事務所を開設。埼玉県立浦和高等学校、早稲田大学法学部、成蹊大学法科大学院卒。著書に、『システム開発 受託契約の教科書』（翔泳社）がある。

元銀行支店長弁護士が教える
融資業務の法律知識

2022年3月20日　初版発行

著　者　池田　聡　©S.Ikeda 2022
発行者　杉本淳一

発行所　株式会社日本実業出版社　東京都新宿区市谷本村町3-29 〒162-0845
　　　　編集部 ☎03-3268-5651
　　　　営業部 ☎03-3268-5161　振　替 00170-1-25349
　　　　　　　　　　　　　　　　https://www.njg.co.jp/

印刷／理想社　製本／若林製本

ISBN 978-4-534-05912-3　Printed in JAPAN